Scott Alexander King

Krafttiere für Kinder

Scott Alexander King

Krafttiere für Kinder

Aus dem Englischen von Anja Schmidtke

//////////////////////////////// SILBERSCHNUR ////////////////////////////////

Copyright © 2008 by Scott Alexander King
Titel der Originalausgabe: »*Creature Teacher*«
published by Blue Angel Publishing

Copyright © der deutschen Ausgabe:
Verlag »Die Silberschnur« GmbH

ISBN: 978-3-89845-363-9

1. Auflage 2012
2. Auflage 2013

Übersetzung: Anja Schmidtke
Illustrationen: Sioux Dollmann
Gestaltung & Satz: XPresentation, Güllesheim
Printed in China

Verlag »Die Silberschnur« GmbH · Steinstr. 1 · D-56593 Güllesheim
www.silberschnur.de · E-Mail: info@silberschnur.de

Für »Baby Turtle«

»Der Himmel ist rund, und wie ich gehört habe, ist die Erde rund wie eine Kugel, genauso wie die Sterne. Der Wind entfaltet seine größte Kraft in Wirbeln. Die Vögel bauen ihre Nester kreisrund, denn sie haben dieselbe Religion wie wir. Die Sonne geht in einem Kreis auf und wieder unter. Der Mond vollzieht es ebenso, und beide sind rund. Sogar der Wechsel der Jahreszeiten bildet einen großen Kreis und kehrt immer wieder dorthin zurück, wo er begann. Das Leben des Menschen ist ein Kreis von Kindheit zu Kindheit. Und so ist es mit allem, worin die Macht sich regt...«

Black Elk,
Medizinmann der Oglala-Sioux-Indianer

Inhaltsverzeichnis

Vorstellung der 45 Tiere

Vorwort

Abrakadabra!

Es gibt nicht allzu viele Leute, die dir erzählen können, wie echte Magie funktioniert. Aber die Tiere scheinen, wie ich im Laufe der Zeit gelernt habe, genau das liebend gern tun zu wollen. Es ist, als ob sie uns etwas sagen wollen, uns zeigen wollen, wie wir Dinge erreichen können, indem wir mit offenem Herzen »hinhören«. Sie wollen, dass wir uns wieder an die uralte Kunst des Manifestierens erinnern ... auf allen Ebenen.

Scott Alexander Kings ganz besondere Karten können dir helfen, die Botschaften der Tiere zu hören, so dass du beginnst zu verstehen, was die Tiere sagen wollen. Vielleicht werden dir diese Karten die Schlüssel in die Hand geben, um deine ganz persönliche Trickkiste zu öffnen und zu erforschen! Das Reich der Tiere und der Natur ist lebendig, bewusst und interaktiv - eigentlich eine lebendige Bibliothek, die, wenn du sie respektvoll betrittst, nur darauf wartet, dir ein Wegweiser zu sein und dein Leben zu bereichern.

Wie du das Leben siehst, zählt manchmal mehr, als wie du es führst. Wenn wir alle einfach nur hinsehen und hinhören würden, wie man es einst in den alten Kulturen tat, dann würden wir vielleicht merken, dass die Tiere und Vögel uns auf sich aufmerksam machen, uns einladen, gemeinsam mit ihnen das Leben und die wahre Fülle des Lebens zu feiern. Wie wäre es, wenn du einfach mal in einen Park oder Wald gehst und den Vögeln zuhörst, wie sie früh am Morgen im Chor singen und den neuen Tag begrüßen? Oder öffne ihnen dein Herz am späten

Nachmittag, wenn sie singen und zwitschern (nicht nur untereinander – sondern auch in deine Richtung) und von Baumwipfel zu Baumwipfel die Neuigkeiten des Tages austauschen. Oder setze dich einfach still mit deinen neuen Tierkarten hin, mische sie und bitte den Geist des jeweiligen Tieres darum, dir ein »Zeichen« zu geben, dich an seiner Weisheit und seinem Wissen teilhaben zu lassen, wie du etwas erreichen, dich verbessern und wachsen kannst. Du musst nichts Besonderes tun, sondern nur daran glauben, dass diese Botschaft sich offenbaren oder das von dir Ersehnte eintreten wird; achte einfach auf die Tiere, die sich dir nach dem Auslegen der Karten im Laufe des Tages als Bestätigung zeigen werden; bleib wachsam und achte auf sie als Zeichen und Hinweis, dass du auf dem richtigen Weg bist. Sie können zum Beispiel in einem Buch auftauchen, auf einem T-Shirt, in einem Gespräch, auf einem Werbeplakat oder auch als Vision oder Gedanke.

Ich wünsche dir viel Freude damit, mit den Karten zu arbeiten. Schau, ob die Tiere wirklich zu dir sprechen. Mögest du (so wie ich) durch ihre Weisheit und ihre Eigenarten lernen, »wie die Spinne zu sein«, und zum Weber deiner Träume werden. Wegen meiner Fähigkeit zum *Träumen* konnte ich in meinem Leben vieles erreichen, was ich gerne tun wollte. Dabei hatte ich gar keinen besonderen Plan, sondern ich folgte einfach den Zeichen und tat immer nur das, was mich »begeisterte«. Begeisterung und Hingabe sind zwei Bestandteile unseres wahren, angeborenen Wesens.

Jedes Mal, wenn ich etwas haben oder erreichen wollte, von dem ich wusste, dass es mich »begeistern« würde (zum Beispiel ein Fahrrad, eine Gitarre, ein neues Auto, einen besonderen Freund oder einen Job), merkte ich schon bald, dass ich, mit einem gewissen Maß an Einsatz und Absicht, vier bestimmte Dinge tun musste, damit sich mein Wunsch erfüllte:

1. Ich musste meine »Absicht« auf die Sache oder das Ereignis richten (oft daran denken – weder zwanghaft noch bedürftig), in dem Wissen, dass es sich gut anfühlen würde, es zu haben oder zu erreichen.

2. Ich musste ein bestimmtes »Handeln« an den Tag legen; ein Handeln, bei dem ich mich manchmal so fühlte, als hätte ich das von mir ersehnte Ergebnis schon erreicht; ein Handeln, bei dem ich sowohl »fühlte«, dass ich es wirklich bekommen würde, als auch »handelte«, als ob ich es bereits hätte.

3. Ich »erwartete« (voller Vorfreude) dass ich dieses Ding haben würde. Ich »wusste« einfach, dass das, wonach ich mich sehnte, eintreten würde – vorausgesetzt, dass ich meine »Erwartung« und meine Gedanken darauf gerichtet hielt, es zu erlangen.

4. Ich war geduldig beim Erreichen meines Zieles.

Das hatte nichts damit zu tun, das Universum um etwas zu bitten, was ich haben wollte (wie manche vielleicht meinen), sondern ich wusste einfach, dass das, was ich wollte, mein Leben irgendwie bereichern würde. Ich fühlte einfach, dass ich es verdient hatte – dass ich es brauchte –, und dann musste ich nur noch darauf warten, dass es zu mir kam. Ich begriff, dass das Universum sich regelmäßig neu so anordnete, dass es in meine Sicht der Wirklichkeit passte (etwas, was ich in der Schule nicht gelernt hatte!). Ich »wusste« immer, dass ich die Macht hatte, etwas zu erschaffen, und dass nur ich den Gedanken oder die Absicht dazu fassen konnte. Vor allem aber wusste ich, dass ich dabei niemals einem anderen Lebewesen schaden konnte (oder würde). Dabei erkannte ich im Laufe der Jahre, dass Geduld kein »Wartespiel« ist. Es ist vielmehr ein Zustand des »Seins«. Als Kind begriff ich das noch nicht in dieser Weise – ich verfolgte einfach das Gewünschte mit all meinem Denken und Streben – ohne Angst oder Zweifel.

Mit diesen vier Schritten also manifestierte ich die Dinge, die ich zu bestimmten Zeiten in meinem Leben am meisten wollte (und brauchte). Und auch heute wende ich sie noch an. Ich mache das nun schon so lange, dass es ganz natürlich geworden ist. Und ich habe die Methode nie geändert. Das brauche ich nicht – denn sie funktioniert! Wie wäre es, wenn du die vier Schritte selbst einmal ausprobierst? Wie wäre es mit einem bisschen echter Magie in deinem Leben? Wie wäre es, wenn du die vier Schritte als Anhaltspunkt nimmst, wenn du deine Karten ziehst? Nichts würde mich glücklicher machen als zu sehen, dass du Erfolg im Leben hast. Und wenn du an deine Fähigkeit glaubst, Erfolg zu haben, dann ist alles möglich. Also dann, probiere deine Karten doch gleich mal aus… du wirst überrascht sein, ich weiß es.

Ronnie Burns
Appin Hall Children's Foundation, Tasmania, Australien
www.appinhall.com

Einleitung

Brief der Erdenmutter an die Kinder der Welt

Mein geliebtes Kind,
hier spricht deine Erdenmutter.

Du bist so kostbar für mich. Ich liebe dich so sehr. Das habe ich immer und werde ich immer - so viel steht fest. Wenn du glücklich bist, bin auch ich glücklich; wenn du traurig bist, bin auch ich traurig; wenn es dir gut geht, geht es auch mir gut, und wenn du krank bist, bin auch ich krank.

Ich bin deine Mutter, und du bist mein Kind. Und alle meine anderen Kinder sind deine Geschwister. Ihr seid meine Familie, und ich liebe euch alle gleich viel. Alles, was ihr braucht, wird euch mit Liebe gegeben: Material, um euer Zuhause zu bauen, Stoffe, um eure Kleidung herzustellen, und Getreide, Fleisch und Pflanzen zum Essen. Ich schenke euch das alles, weil ich will, dass ihr wachst und gedeiht. Ich liebe euch so sehr.

Ich bin deine Mutter. Ich wache über dich, wenn du dich verirrt hast. Ich singe für dich, wenn du einsam bist, und ich spreche zu dir, wenn du durcheinander bist. Ich spreche aus meinem Herzen heraus, weil dort meine Liebe zu dir wohnt.

Wenn du zu mir sprichst, höre ich zu. Wenn du mir eine Frage stellst, antworte ich. Aber neuerdings merke ich, dass du wohl vergessen hast, mich zu hören - und das macht mich traurig. Und weil du mich nicht mehr hörst, habe ich gemerkt, dass du auch nicht mehr mit mir sprichst. Hast du mich vergessen? Hast du mich vergessen, weil du glaubst, dass ich dich vergessen habe? Oh, ich hoffe nicht – weil mich das sehr traurig machen würde.

Ich bin deine Mutter. Ich spreche jeden Tag zu dir. Ich will, dass du glücklich, gesund und heil bist. Ich spreche jeden Tag zu dir, führe dich, zeige dir Dinge ... aber du hast vergessen, mich zu hören. Ich fühle mich allein, ungehört, verlassen. Und ich beginne auch, mich krank zu fühlen. Ich fürchte, ich bin krank, krank vor Traurigkeit und Trauer. Fühlst du dich auch so?

Mein geliebtes Kind, erinnerst du dich an das Versprechen, das ich dir gab, als du geboren wurdest? Erinnerst du dich daran, wie ich dir ins Ohr flüsterte und dir versprach, dich niemals zu vergessen? Damals konntest du mich hören. Und jetzt erinnerst du dich nicht mehr daran, mich zu hören? Meinen Herzschlag zu hören? Meine liebevolle Umarmung, meinen sanften Kuss zu fühlen? Oh, das macht mich traurig.

Schau auf die Tiere, kostbares Kind. Schau auf die Tiere, denn sie sind meine Stimme. Sie sind meine Boten.

Ich bin deine Mutter. Es ist notwendig, dass du dich an mich erinnerst; mich hörst, zu mir sprichst. Es ist notwendig, dass du mich zurück in dein Leben holst – mich ehrst, mir Dank erweist.

Wenn du das nächste Mal durcheinander, ängstlich, besorgt oder traurig bist, erinnere dich an mich. Sprich zu mir. Teile deine Ängste und Sorgen mit mir. Sag mir, was dich ärgert und was dich traurig macht. Bitte mich um meinen weisen Rat, und ich werde dir antworten. Ich verspreche es. Ich werde dir jedes Mal antworten, wenn du mich rufst. Und ich werde sofort antworten. Ich werde dir einen Boten senden, ein Tier, dessen Träumen die Weisheit in sich trägt, die deine Frage beantwortet. Und wenn du schnell genug bist, das Tier zu bemerken, und dein Herz öffnest, um die Botschaft zu hören, dann wirst du nie wieder durcheinander, ängstlich, besorgt oder traurig sein.

Das ist mein Versprechen an dich.

Beherzige die Botschaften der Tiere, Kleines, und du wirst nie wieder von deiner Wahrheit abkommen. Und ebenso wirst du nie wieder durcheinander, verloren oder einsam sein. Du wirst nie wieder ängstlich oder ärgerlich sein. Die Tiere sind meine Stimme. Lebe in Harmonie mit den Tieren und lerne, in Harmonie mit deinen Mitmenschen zu leben. Wenn du das tust, wirst du zu mir zurückkehren. Liebe mich und hege und pflege jeden Teil von mir, die Tiere, die Wälder, die Berge, Flüsse und Ströme, denn sie alle sind deine Geschwister. Die Strände, Wüsten, Seen und Täler - sie sind deine Familie. Stell dir eine Welt vor, in der du keine Familie hättest - eine Welt, in der es keine Tiere gäbe. Würdest du dort leben wollen? Stell dir eine Welt ohne Waldgebiete, Grasland oder Korallenriffe vor. Ganz ehrlich, würdest du dort leben wollen? Ich glaube nicht - aber wenn wir uns nicht zusammennehmen und uns besser umeinander kümmern, dann werden wir so eine Welt bekommen. Es ist notwendig, dass du deine zweibeinigen Geschwister ansprichst und sie bittest, dir dabei zu helfen, besser auf ihr Zuhause zu achten, besser auf mich zu achten. Erzähl ihnen von den Tieren. Zeig ihnen, wie sie mich hören können. Hilf ihnen, sich zu erinnern, sich wieder mit meinem Herzen zu verbinden. Und wir können alle wie eins sein.

Ich bin deine Mutter. Und ich liebe dich. Vergiss das niemals.

In Liebe und Zuwendung,
alles Gute für dich, mein Kind.
Mutter Erde

Die Karten

Warum ich die Karten geschrieben habe

Diese Karten sollen heilige Werkzeuge sein, um dich zu bereichern und dir zu mehr Eigenmacht zu verhelfen. So einfach ist das. Ich will, dass du eigenmächtig bist. Ich möchte, dass du dich in allen Bereichen deines Lebens stark, zuversichtlich und reich fühlst. Warum? Weil du es verdienst. Du bist es wert.

Als Kind verbrachte ich die meiste Zeit damit, anderen Menschen aus dem Weg zu gehen. Ich verbrachte meine Tage damit, allein oder mit meiner kleinen Schwester zu spielen. Ich hatte eine lebhafte Vorstellungskraft, und ich benutzte sie, um der verwirrenden, erdrückenden Welt zu entfliehen, in der ich körperlich wohnte. Mein Leben war – für die äußere Welt – »perfekt«. Wir hatten alles, was die meisten Familien sich wünschten. Aber hinter verschlossenen Türen, wo niemand außerhalb der Familie je allzu viel Zeit verbrachte, waren die Dinge weit davon entfernt, perfekt zu sein. Meine Schwester und ich rannten nie. Wir schrien nie. Wir tanzten nie. Wir verbrachten die meiste Zeit damit, leise zu reden und im Geheimen zu spielen, um ja nicht aufzufallen. Du siehst also, warum meine Fantasiewelt so wichtig für mich wurde – eine Welt, in der die Tiere sprachen und das Reich der Feen bunt und voller Leben war.

Wenn ich in der Klemme saß, hatte ich niemanden, an den ich mich wenden konnte. Ich versuchte, mit meiner Mutter über die verwirrenden Dinge zu reden, die ich erlebte, aber sie beschloss, mich nicht zu hören. Ich traute mich nicht, mit meinen Lehrern oder meinen wenigen Freunden zu reden, weil ich nicht glaubte, dass sie positiv darauf reagieren würden, so dass ich also viele Sorgen und Ängste für mich behielt. Mit meiner Schwester sprach ich schon über manche Dinge, aber nichts zu Ernstes, weil sie so viel jünger war als ich und selbst genug Probleme hatte. Deshalb redete ich mit meinen Tieren; mit meinem Kaninchen, meinem Hund und meiner Ente. Ich erzählte ihnen alle meine Sorgen und Ängste und verpflichtete sie zu Verschwiegenheit. Zum Glück wusste niemand, dass ich mit den Tieren reden konnte!

Jetzt, wo ich erwachsen bin, bringe ich meinen eigenen Kindern bei, dass sie, wenn sie Sorgen haben und sie sich zu »blöd« vorkommen, damit zu mir oder zu ihrer Mutter zu gehen, die Tiere um Rat fragen können. Und das tun sie auch. Mit diesem Gedanken habe ich diese Karten für euch alle geschrieben - für alle Kinder der Welt. Ich will dich wissen lassen, dass da draußen »etwas« ist, das sich um dich sorgt. Ich will dich wissen lassen, dass du die Natur und Mutter Erde um Hilfe bitten kannst, wann immer du dich durcheinander, ängstlich oder einsam fühlst - oder wenn du meinst, dass niemand dich beachtet oder versteht. Ich will dich wissen lassen, dass du deine Geheimnisse, Sorgen und Ängste den Tieren mitteilen kannst - so wie ich früher auch -, wenn niemand anderes da ist, und dass die Tiere, wenn du ihnen eine Frage stellst, dir antworten werden.

Die Erde ist deine Mutter. Sie liebt dich. Und die Tiere sind ihre Boten. Teile deine Ängste und Herzenswünsche mit den Tieren, und sie werden antworten. Ich verspreche es.

Warum sind die Karten rund?

Welche Bedeutung hat der Kreis?

Seit Anbeginn der Zeit verkörpert der Kreis Gleichwertigkeit, Schutz, Fruchtbarkeit und weibliche Weisheit; er ist ein universelles Symbol für Beständigkeit – von Leben, Tod und Wiedergeburt – und veranschaulicht als solches das Wesen des Universums, der Schöpfung und der Menschheit als Ganzes.

Der Kreis, oft als großes Rad dargestellt, ist in vielen Kulturen bekannt und in Ritualen, Zeremonien, Kunst, Architektur und Traditionen gegenwärtig. In der altorientalischen Tradition zum Beispiel gibt es das Doppelrad, das von Unendlichkeit, von den ewigen Kreisen des Lebens und vom Platz der Menschheit im Kosmos zeugt. Das Mandala, oft als Rad dargestellt, wird von vielen orientalischen Kulturen als mystische Karte des Kosmos betrachtet, und man meditiert darüber, um die Selbsterkenntnis zu fördern und in engeren Kontakt mit dem Großen Geist oder einer persönlichen Gottheit zu treten. In vielen christlichen Kirchen befinden sich die großen, kreisförmigen »Fensterrosen« traditionell an der westlichsten Seite; dies ist die Himmelsrichtung, die in der heidnischen Tradition ins Feenreich und in die Paradiesgärten der Göttin führt. Die frühen Christen übernahmen diesen Glauben und brachten ihn in Gestalt der Jungfrau Maria zum Ausdruck. Die Fensterrose – ein wunderschönes Glas-Mandala mit weiblicher Symbologie – war der Jungfrau Maria gewidmet und brachte ihre Heiligkeit als Mutter der Rose oder des Rosenkranzes zum Ausdruck. In den alten Lehren des Tarots spricht die Karte des Rades von niemals endenden Veränderungen. Sie symbolisiert eine Entwicklung in Zyklen, wie die Jahreszeiten, und kann als Symbol der körperlichen, geistigen oder emotionalen Wiedergeburt betrachtet werden. Gleichermaßen hält das Rad des Jahres, regiert von der Göttin Kali, die Lebenskraft der Welt zusammen, während es sich zugleich endlos durch die Häuser des Tierkreises, durch die Jahreszeiten und die Jahrestage bewegt. In der Wicca-Religion gibt es ein ähnliches Jahresrad, das die jahreszeitlichen Zyklen und die damit verbundenen Feste als magische Geschichte von Leben, Tod und Wiedergeburt aufzeigt.

Im Mittelalter wurden Dörfer in großen Kreisen gebaut, um sich besser verteidigen zu können, wobei der Sammelplatz der Menschen sich immer in der Mitte befand. Die Dörfer waren von großen, kreisförmigen Umfriedungen umgeben, und meistens waren auch die Häuser rund. Die amerikanischen Ureinwohner errichteten runde Tipis aus Büffelleder, und das Volk der Mongolen lebt noch heute in Jurten, kreisrunden Zelten, die ganz aus handgefertigtem Filz bestehen. Viele Kulturen glaubten, dass die Geister, die über das Land herrschten und die Menschen beschützten, die runde Form bevorzugten, denn sie zeigte ihnen, dass die Menschen um die Heiligkeit von Gleichwertigkeit und Ausgewogenheit wussten. Die Menschen kannten den Fruchtbarkeitsaspekt des Kreises, der in Form des weiblichen Eis zum Ausdruck kommt, das auf die Befruchtung durch den männlichen Samen wartet. Frühe heidnische Tänze waren kreisförmig, darunter auch der phallische Maibaum-Tanz des Beltanefestes, mit dem man die neue Jahreszeit des Wachstums und der Fruchtbarkeit verkündete und feierte. Noch heute folgen viele europäische Volkstänze kreisförmigen Bewegungen und Mustern.

Dem Kreis kommt in der gesamten Geschichte eine große Bedeutung zu, veranschaulicht durch die riesigen Medizinräder der Indianer, die großen Spiralen der Druiden und die Labyrinthe und großen Steinkreise im prähistorischen Europa. Man weiß nicht genau, warum Steinkreise wie Stonehenge gebaut wurden. Aber es ist wissenschaftlich erwiesen und akzeptiert, dass zu bestimmten Zeiten in und um diese heiligen Stätten sehr viel elektromagnetische Aktivität stattfindet. Zwar gibt es keine Erklärung für dieses Phänomen, aber man weiß, dass die großen Kreise eine spirituelle Bedeutung für die Praktizierenden und Anhänger früher Religionen wie Animismus, Schamanismus, Druidentum und andere Formen des Heidentums hatten. Als das Christentum die Welt eroberte, wurden viele dieser heiligen Stätten zerstört, um Platz für Kirchen zu schaffen, die oft direkt auf den ursprünglichen Stätten erbaut wurden. Infolgedessen wurde die Bedeutung der heiligen Kreise vergessen und ging verloren, so dass wir heute nur noch spekulieren können, warum sie errichtet wurden.

Die Bedeutung des Medizinrads allerdings ist auch heute noch bekannt, und seine Symbologie hat heute noch dieselbe Gültigkeit wie in alten Zeiten. Das Medizinrad spricht jeden Einzelnen von uns an. Es skizziert praktisch unsere Reise durch das Leben und veranschaulicht gleichzeitig, wie wichtig unsere Verbundenheit mit der Welt um uns herum ist. Das Medizinrad verkörpert die Energien der vier Himmelsrichtungen sowie Schwester Himmel, Mutter Erde und den Großen Geist. Dann folgen zahlreiche entsprechende Energien, darunter heilige Farben, Tiere, Pflanzen, Steine, Elemente, Jahreszeiten, Mondphasen, Gottheiten und Lehren. Das Rad führt die wichtigsten Lebenslektionen auf und zeigt einen Entwurf der vier Hauptstufen der menschlichen Entwicklung, Phasen, die wir im Laufe unseres Lebens körperlich einmal durchlaufen – oder metaphorisch viele Male. Wir bereisen das Medizinrad auch spirituell, aber diese Reise findet, so heißt es, viele Male in zahllosen Leben statt. Man glaubt, dass wir erst dann, wenn wir zur Harmonie mit allen Dingen gelangen und die Bedeutung des großen Rads des Lebens erkennen, alle vier Geschenke der Macht erhalten – Erleuchtung, Unschuld, Innenschau und Weisheit – und so zu ganzen Menschen werden.

Black Elk, der berühmte Medizinmann der Oglala-Sioux-Indianer und bekannte Autor, sagte einmal: »Der Himmel ist rund, und wie ich gehört habe, ist die Erde rund wie eine Kugel, genauso wie die Sterne. Der Wind entfaltet seine größte Kraft in Wirbeln. Die Vögel bauen ihre Nester kreisrund, denn sie haben dieselbe Religion wie wir. Die Sonne geht in einem Kreis auf und wieder unter. Der Mond vollzieht es ebenso, und beide sind rund. Sogar der Wechsel der Jahreszeiten bildet einen großen Kreis und kehrt immer wieder dorthin zurück, wo er begann. Das Leben des Menschen ist ein Kreis von Kindheit zu Kindheit. Und so ist es mit allem, worin die Macht sich regt ...«

Das Volk der Hindu hat eine Gottheit namens der Eine, beschrieben als großer, geschlossener Kreis ohne Kreislinie, eine Gottheit, die nirgendwo und überall zugleich ist. Diese Vorstellung der Leere (auch das Große Unbekannte oder das Große Geheimnis genannt) und des Kosmos als geschlossener Kreis wird im Bild der Weltenschlange – oder Uroboros – ersichtlich, einer großen, drachenartigen Schlange, die sich, einen Kreis bildend, selbst in den Schwanz beißt. Von dieser großen Schlange glaubte man einst, dass sie die Welt (oder das mystische Ei der Schöpfung) umspannt und sie beschützend hegt und pflegt wie eine Mutter ihr Kind.

Es waren die Griechen, die den Heiligenschein erfanden – den aurischen Kreis um den Kopf ihrer gottähnlichen Wesen, der spirituelle Göttlichkeit symbolisierte –, später wurde dieses Konzept dann von der christlichen Kirche übernommen. Einen ähnlichen Stil weist auch das chinesische Yin-Yang-Symbol auf. Yin (das Weibliche) und Yang (das Männliche) bilden darin ein kreisförmiges Symbol des Gleichgewichts, das die männlichen und weiblichen Energien des Kosmos miteinander vereint: Hell mit Dunkel, »Gut« mit »Böse«, Jung mit Alt, Frieden mit Krieg, Erde mit Himmel, Geburt mit Tod und so weiter.

Auch heute noch werden in heidnischen oder magischen Glaubensrichtungen wie Druidentum, Wicca und Witchcraft Kreise verwendet. Der Kreis, der entweder mit einem Stock auf den Boden gezeichnet, mit Salz oder Maismehl gestreut oder mit einer Kordel gelegt wird, wird als schützende Linie betrachtet, die den magischen Arbeiter von der körperlichen Welt abtrennt und vor Schaden schützt, wenn er andere Reiche der Wirklichkeit betritt. Der Magische Kreis mit gewöhnlich 9 Fuß (2,74 Meter) Durchmesser geht bis ins erste Jahrhundert v. Chr. zurück und sollte das Allsehende Auge darstellen, den Vollmond, die Mutter des Universums, die das Kosmische Ei erschaffen hat, die Schöpfung, das Große Geheimnis und die zahllosen anderen heiligen Kreisformen.

Die Heiligkeit des Kreises findet auch heute noch als Symbol der Gleichwertigkeit, des Fortschritts und des Schutzes Anerkennung. Wenn wir zum Beispiel an einer spirituellen oder Selbsterfahrungsgruppe teilnehmen, nennen wir diese einen »Kreis«. Wenn wir unser Eheversprechen geben, tauschen wir goldene Ringe aus, oft mit kostbaren Schmucksteinen verziert. Es sind uralte »Bande«, und sie sind immer noch rund und stehen von jeher für ewige Treue im Guten wie im Schlechten. Auch Münzen sind nach wie vor rund, genauso wie ihre Reise von einem Geldbeutel zum anderen. Uhren und persönliche Zeitmesser werden immer noch größtenteils in runder Form hergestellt und symbolisieren so die zyklische Entwicklung des Lebens in Minuten, Stunden, Tagen und Jahren. Das Blut in unserem Körper bahnt sich seinen Weg durch sein feines Netzwerk nach wie vor in einer runden Bewegung, und auch das Wasser fließt kreisförmig in den Abfluss. Das Leben war schon immer rund, und so wird es immer sein, bis das Große Rad zum Stillstand kommt.

So werden die Karten gelesen

Wie du deine Karten auch lesen möchtest, die Deutungen, die ich geschrieben habe, konzentrieren sich mit Absicht nur auf das Positive – in jeder Situation. Falls also eine Karte auf dem Kopf zu liegen kommt, dreh sie einfach andersherum. Mein Grund dafür ist, dass du, wenn dein Leben frei von Hindernissen und Sorgen wäre, die Karten ohnehin nicht zu befragen bräuchtest. Die meisten Leute legen Karten nur dann aus, wenn sie Klarheit, Führung und Bestätigung suchen. Bei einer negativen Deutung würde ich mich also nur weiter auf die Angst konzentrieren. Sie würde dein Bedürfnis nach Klarheit nur noch schlimmer machen. Sich auf das Negative zu konzentrieren, kann Gefühle wie ein geringes Selbstbewusstsein und mangelndes Selbstvertrauen verstärken, und das war nicht meine Absicht, als ich diese Karten für dich schrieb. Ich will, dass diese Karten inspirierend und erbaulich sind. Die meisten Leute möchten mehr erreichen. Die meisten wollen Verbesserungen und diese in Gang setzen – und das ist es, wozu diese Karten dich hoffentlich ermutigen werden.

Das Bild auf der Rückseite der Karten

Die Zeichnung auf der Rückseite der Karten (auf jeder Karte ist die Zeichnung gleich) zelebriert deine Reise durch die Elemente und Jahreszeiten und lädt dich außerdem dazu ein, tiefer in dich selbst zu reisen und das Leben auf eine sinnvolle, freudige und magische Weise zu erforschen. Die Symbologie der Schnecke, die im Herzen der Zeichnung sitzt, verkörpert Wiedergeburt, Entstehung, Neuanfänge und Geduld.

So werden die Karten gelegt

Das Lesen einer Karte: »STELLE EINE FRAGE.«

Das Lesen einer einzelnen Karte ist der einfachste und beste Weg, um zu erfahren, wie dein Tag sich entwickeln kann oder welche Energien du in deinem Bewusstsein begrüßen sollst, damit du zu Erfolg, Glück und Klarheit gelangst, noch bevor du überhaupt vor die Haustür trittst. Wenn du zum Beispiel weißt, dass du eine Prüfung, ein Treffen, eine Sportveranstaltung oder einen Auftritt hast, und du deine Zeit nicht mit Sorgen darüber verschwenden willst, mische einfach deine Karten und ziehe eine einzelne Karte irgendwo aus dem Stapel. Bevor du sie ziehst, denke an das Ereignis, wie du es siehst, und stelle eine Frage, die damit zu tun hat. Eine gute Frage könnte zum Beispiel sein: »Wie sollte ich heute am besten meinen Auftritt (zum Beispiel) angehen, um mein Bestes zu geben und mein gewünschtes Ziel zu erreichen?« Das Tier, das du dann ziehst, wird dir seine Weisheit mitteilen, und wenn du dich verpflichtest, mit dem Druck, den Erwartungen und den Herausforderungen des Tages in einer Weise umzugehen, die zeigt, dass du »gehört« hast, was das Tier vorschlägt, solltest du abends mit großem Stolz auf dich selbst zurück nach Hause kommen. Wenn du zum Beispiel den Lachs ziehst, dann wirst du, noch bevor du das Haus verlässt, wissen, dass dein Tag herausfordernd sein wird. Dass du manchmal das Gefühl hast, dass dir alles zu viel wird und du gegen den Strom schwimmst, aber letztendlich, wenn du nicht aufgibst, so erfolgreich sein wirst, wie du es dir niemals hättest träumen lassen. Genial, oder?

Das Lesen von drei Karten:
»VERGANGENHEIT, GEGENWART UND ZUKUNFT«

Das Lesen dreier Karten ist ein schneller, einfacher, ungefährlicher Weg, um zu erfahren, welche Energien zu irgendeiner Zeit durch dein Leben fließen. Du erhältst Einblicke in deine vergangenen Erfahrungen, deine jetzige Situation und deine künftigen Möglichkeiten. Es hilft, Blockaden beiseite zu räumen, die fast immer in vergangenen Erfahrungen wurzeln und dich daran hindern, dich weiterzuentwickeln und Fortschritte zu machen, damit du zielbewusst im Jetzt stehen kannst. Wenn du dir deine Erfahrungen der Vergangenheit anschaust, etwas daraus gelernt hast und es in der Gegenwart besser machst, dann kannst du dir im Allgemeinen einer positiven Zukunft sicher sein, die frei von Hindernissen und Einschränkungen ist. Das Lesen dreier Karten ist wie ein Sprungbrett zur Macht – zu einer Besserung und Klärung auf allen Ebenen.

- **Karte Nummer eins** zeigt dir deine Vergangenheit und die Möglichkeiten, die deine Erfahrungen dir bieten, um zu wachsen und dich weiterzuentwickeln. Das Tier auf dieser Karte veranschaulicht deine Lektionen aus der Vergangenheit, bei denen es klug wäre, wenn du sie anerkennst; von nun an solltest du es besser machen. Es hilft dir, die Fragen nach dem »Warum«, »Wie« und »Was« zu beantworten, die dich verfolgen, und verwandelt so deine schlummernden negativen Erfahrungen der Vergangenheit in aufschlussreiche Geschenke.

- **Karte Nummer zwei** zeigt dir deine Gegenwart und die Schönheit, die dich im Hier und Jetzt umgibt. Dieses Tier hilft dir, die Fülle zu erkennen, die bereits in deinem Leben vorhanden ist, indem es dich auf Talente, Liebe und andere Geschenke des Großen Geistes aufmerksam macht, die gerade dein Leben bereichern. Es verankert die Lektionen aus deiner Vergangenheit (Karte Nummer eins) in dir, damit du das, was du daraus gelernt hast, in deinem heutigen Leben umsetzen kannst.

- **Karte Nummer drei** zeigt dir deine voraussichtliche glückliche Zukunft und die Energien, mit denen du sie am besten verwirklichen kannst. Das Tier auf dieser Karte ist von der Weisheit und der Stärke erfüllt, die du brauchst, um deine vertrauten (und einschränkenden) Verhaltensweisen und Ansichten zu überwinden, sie als das zu sehen, was sie sind (auf der Grundlage der Lektionen, die die beiden ersten Karten dir aufgezeigt haben), sie fallen zu lassen und stattdessen Werte und Überzeugungen anzunehmen, die dir förderlich sind und dich persönlich weiterbringen.

Vorstellung der 45 Tiere

Aal

Ich sage »nein« zum Gruppenzwang

Es gab einmal den Ausspruch, dass man, wenn man einen Aal in einem Weinfass ertränkt und dann diesen Wein trinkt, sofort davon geheilt ist, jemals wieder Wein zu trinken. Ich kann mir auch vorstellen, wie diese Heilung funktionieren würde. Der Gedanke, Wein zu trinken, in dem ein toter Aal geschwommen ist, genügt schon, damit mir schlecht wird! Aber jetzt mal ernsthaft ... der Aal ist ein sehr glitschiges, schwer greifbares, kräftiges Geschöpf, das mit seinem *Träumen* allem entschlüpfen kann, was irgendwie süchtig machen kann und droht, dich zu kontrollieren oder dein persönliches Wachstum zu behindern. Ich arbeite seit vielen Jahren mit Kindern zusammen, als Lehrer und auch als Mentor, und habe gesehen, wie viele dieser Kinder sich für Alkohol, Drogen (jeglicher Art) und andere Substanzen wie Tabak entschieden, davon in Versuchung geführt wurden, damit experimentierten und davon abhängig wurden. Mit den meisten dieser Kinder habe ich irgendwann einmal stundenlang zusammengesessen und über die Auswirkungen von Drogenmissbrauch und die Fallgruben diskutiert, die darin liegen, einer Gruppe zu folgen und suboptimale Entscheidungen zu treffen. Aber egal, was ich diesen Kindern erzählte und wie ich sie dazu anhielt, meinen (auf jahrelanger Erfahrung beruhenden) Rat zu beherzigen – die Einzigen, die letztendlich eine Entscheidung für sie treffen können, sind sie selbst. Das bedeutet, dass der Einzige, der die richtigen Entscheidungen in diesen Dingen treffen kann, du bist, sonst niemand.

Nur du kannst entscheiden, wie deine Zukunft sich entwickeln soll und ob sie durch Gruppenzwang, Drogen oder Alkohol beeinflusst sein wird. Die letztendliche Entscheidung kann und wird immer nur deine sein, ganz allein deine.

Wenn also heute der Aal in deine Karten geglitten ist, dann wirst du gebeten, diese Entscheidung jetzt zu treffen. Vielleicht wirst du gerade getestet, dich an Drogen zu versuchen, mit Alkohol zu experimentieren oder »nur eine« Zigarette zu rauchen? Vielleicht hast du deine Freunde dabei gesehen? Sie sehen aus, als hätten sie Spaß dabei, oder? Sie finden, sie sehen cool aus, habe ich recht? Und weil »jeder es tut«, überlegst du dir gerade, auch mitzumachen? Vielleicht willst du wie sie sein, akzeptiert und in ihre »coole Gruppe« aufgenommen werden? Aber dafür müsstest du erst deine Ängste und deine bessere Einsicht zurückstellen und tun, was deinem Bauchgefühl nach schlecht für dich ist. Lass dich nicht hereinlegen. Du hast guten Grund, Fragen zu stellen. Du hast guten Grund, nein zu sagen. Deinen Freunden zu gestatten, dich unter Druck zu setzen und etwas zu tun, von dem du weißt, dass es schlecht für dich ist, ist der beste Weg, in Schwierigkeiten zu kommen. Es wird nicht unbedingt direkt so weit sein (es kann eine Weile dauern), aber irgendwann wirst du die Entscheidung bereuen, dass du deinen Freunden gefolgt bist und mit ihnen gewetteifert hast, möglichst »cool auszusehen«. Wenn also der Aal in deine Karten geschwommen kommt, dann weißt du, was zu tun ist – NEIN zu Drogen, Alkohol und jeder Form von Gruppenzwang zu sagen. Geh ihnen durchs Netz – für alle Zeiten. Dreh dich einfach um und geh davon. Wenn du lernst, dich selbst zu respektieren, wirst du schließlich den tiefen Respekt der anderen gewinnen. Wenn du stark genug bist, um zu deinen Freunden »nein« zu sagen und es auch so zu meinen, und zwar in JEDER persönlichen oder lebensverändernden Angelegenheit (und dabei das Risiko eingehst, dass sie sich für immer von dir abwenden), dann wirst du schließlich treuere Freunde gewinnen und ein gesünderes, einträglicheres Leben führen.

Adler

Ich bin sicher

Hier in Australien gibt es drei Arten von Adlern: den Kaninchenadler, den Weißbauch-Seeadler und den Keilschwanzadler – den größten der drei. Keilschwanzadler bevorzugen offenes Waldland, bewohnen aber auch dürre Wüstenregionen, Grasland, bergige Gebiete und Regenwälder. Hast du schon einmal einen Adler im Flug gesehen? Was für ein mächtiger Vogel er ist, wenn er immer höher und höher kreist, bis er nur noch ein winziger Fleck am Himmel ist. Aber weißt du was? Obwohl er so hoch oben ist, so hoch, dass du ihn im blendenden Sonnenlicht kaum sehen kannst, kann er dich sehen – und zwar ganz deutlich. Mit seinen scharfen Augen könnte der Adler dich zum Beispiel in einem Park stehen sehen und genau sagen, welchen Pullover du anhast, die Farbe der Wolle und die Maschen, mit denen der Pullover gestrickt wurde! Wenn er sich mit Wolle auskennen würde, dann könnte er wahrscheinlich sogar sehen, aus welcher Wolle das Kleidungsstück besteht. Wirklich erstaunlich. Gleichermaßen ist ein Adler, der über den Wolken dahinsegelt, auch in der Lage, ein nervöses kleines Kaninchen über ein Feld laufen zu sehen. Der Adler sieht jedoch nicht nur das Kaninchen, sondern auch seine Ohren, Füße und Augen. Und wenn das Kaninchen humpeln würde oder Schlappohren hätte, auch das würde der Adler sehen – und auch jedes einzelne Haar auf dem Kopf des Kaninchens! Viele alte Völker hatten große Achtung vor dem Adler. Für sie war er heilig, weil er so nah an der Sonne fliegen konnte, ohne zu verbrennen.

Sie verehrten ihn, weil er viel Zeit im Himmelreich des Schöpfergeistes zu verbringen schien. Und sie assoziierten die Fähigkeit des Adlers, ein Kaninchen aus einer so schwindelerregenden Höhe zu erspähen, mit Gottes Liebe und Schutz, der aus seinem himmlischen Reich über uns wacht und jeden Schritt von uns beobachtet.

Wenn der Adler heute in deine Karten gesegelt ist, dann wird dir versichert, dass über dich gewacht wird. Es bedeutet, dass du nicht allein bist, niemals allein warst und niemals allein sein wirst - trotz allem, was du manchmal vielleicht glaubst. Es bedeutet auch, dass du sicher bist, und auch wenn du dich im Moment vielleicht verletzlich fühlst, nervös, besorgt, ängstlich oder durcheinander, hast du nichts zu befürchten. Du bist sicher. Es bedeutet, dass du die Wahl hast und dass du weißt, welche Wahl für dich die richtige ist. Der Adler ist in deine Karten geflogen als Beweis dafür, dass du dich auf dem richtigen Weg befindest, dass die Entscheidung, die du dir gerade überlegst, die richtige ist. Einen Adler in deinen Karten zu haben ist wie ein großes »Daumen hoch« vom Großen Geist. Es bedeutet, dass du, wann immer du dich in einer Sache unsicher fühlst, es einfach nur jemandem mitzuteilen brauchst. Der Adler erinnert uns daran, dass wir Menschen haben, die uns lieben und die um unser Wohlbefinden besorgt sind, und dass, wenn wir darüber sprechen müssen oder um Rat suchen, immer jemand da ist, an den wir uns wenden können. Die Karte des Adlers ist ein Schutzsymbol. Sie ist eine Bestätigung, dass du deine Sache gut machst, dass du den Segen des Großen Geistes hast und dass du zu Großem bestimmt bist.

Affe

Ich bin mir selbst treu

In meiner ganzen Schulzeit war ich immer ein »Ja-Sager«. Wenn jemand mich bat, etwas für ihn zu tun, sagte ich »ja«. So half ich meinen Klassenkameraden bei den Hausaufgaben, trug den Mädchen Sachen, holte Akten und erledigte andere Gelegenheitsarbeiten, wenn die Lehrer mich darum baten. Ich schien nur Menschen anzuziehen, die etwas wollten oder etwas erledigt haben mussten. Zuerst fühlte ich mich damit gut. Ich fühlte mich gebraucht. Es machte mir nichts aus ... zuerst. Aber dann begann es, mir unangenehm zu werden, denn wenn *ich* einmal um Hilfe bat, war niemand für mich da – noch nicht einmal die Leute, die mich immer baten, ihnen zu helfen. Sie brachten immer irgendeinen Grund vor, warum sie mir nicht helfen konnten, aber später baten sie mich trotzdem weiter um meine Hilfe. Als ich älter wurde, wurde ich allmählich immer frustrierter, bis ich mir eines Tages in der Oberstufe eine Kaffeetasse kaufte. Ja, eine Kaffeetasse, eine normal aussehende, weiße Keramiktasse. Nichts Besonderes ... bis auf die Tatsache, dass auf der Vorderseite ein wütendes Monster prangte, und darunter die Worte »Nicht mehr der nette Junge von nebenan« in leuchtend roten Großbuchstaben. Und diese paar Worte wurden mein Motto. Sie veränderten mein Leben. Statt ständig »ja« zu sagen, begann ich, »nein« zu sagen. Innerlich war ich derselbe, der danach schrie, akzeptiert zu werden, aber äußerlich stieß ich die anderen weg. Ich ging ihnen aus dem Weg und weigerte mich, ihre Spielchen mitzuspielen. Und rate mal, was passierte? Die anderen begannen sich förmlich zu überschlagen, um mit mir zu reden. Ich wurde auf Partys eingeladen und gebeten, an Aktivitäten außerhalb der Schule teilzunehmen. Die Leute boten mir an, Dinge für mich zu tun. Sie wollten nicht nur, dass ich ihr Freund wurde, sondern sie wollten MEINE Freunde sein. Indem ich dem treu war, wer und was ich war, statt immer meine eigene Macht wegzugeben und zu sein, wie alle mich haben wollten, wurde ich zu dem Menschen, der ich heute bin. Ich wurde ICH.

Wenn sich heute der Affe in deine Karten geschwungen hat, dann wird dir gesagt, dass du dem treu sein sollst, wer und was du bist, und deine Selbstachtung hervorscheinen lassen sollst. Du musst niemanden mit Angeberei, Grobheit, Kriecherei oder Schleimerei beeindrucken. Du brauchst nur du selbst zu sein, und die Leute werden dich respektvoll behandeln. Zu versuchen, jemand zu sein, der du nicht bist, un dazuzugehören, stiftet nur Verwirrung - bei dir und bei allen anderen. Wenn ju ständig in einer bestimmten Weise handelst, werden die Leute davon ausgehen, dass du eben so bist, und dich entsprechend behandeln. Ich war immer fröhlich, freundlich und hilfsbereit ... daher gingen alle davon aus, dass ich gerne so war. Ich wollte fröhlich sein, aber indem ich nur so tat als ob, wurde ich in Wirklichkeit Tag für Tag trauriger. Und daher wurde ich zu jemand anderem. Ich wurde zu meinem wahren Ich. Es brauchte Mut und Übung, aber jeden Tag kam ich der Person näher, zu der ich werden wollte. Ich musste selbstbewusst und kontaktfreudig sein, daher begann ich entsprechend zu handeln, und die Leute reagierten darauf. Ich tauchte tief in mich selbst ein und fand das Selbstvertrauen, von dem ich wusste, dass ich es hatte, das ich aber zu viel Angst gehabt hatte zu zeigen. Ich war weder grob noch unverschämt. Ich tat nichts, um negative Aufmerksamkeit zu erregen... Ich sagte einfach nur »nein« statt »ja«. Und ganz allmählich gewann ich den Respekt meiner Kameraden, einfach, indem ich Liebe und Respekt zu mir selbst entwickelte.

Bär

Ich kann mit Papa sprechen

Hast du dich jemals gefragt, warum Grizzlybären eigentlich Grizzlybären heißen? Nun, das Wort »grizzly« ist Englisch und bedeutet »väterlich, grauhaarig, alt und erwachsen«; jemand, der älter ist als du, jemand mit grau werdendem Haar – wie dein Vater vielleicht oder dessen Vater, dein Großvater. Du hast doch bestimmt die Geschichte von Goldlöckchen und den drei Bären gelesen? Wenn du daran denkst, was »grizzly« bedeutet, fällt es nicht schwer zu erraten, wie der Autor wohl auf die Eigenschaften von Vater Bär gekommen ist. Vater Bär ist ein würdevoller Charakter, der eine große Reife ausstrahlt. Wenn er auf seinen Hinterbeinen steht, ist er angsteinflößend und liebevoll zugleich. Beim Anblick seiner ausgestreckten Arme denken wir an eine bärenstarke Umarmung, und sein langsamer, trottender Gang fordert uns auf, das Leben ohne Hast und lässig anzugehen und alles locker zu nehmen.

Der Bär ist ein grimmiger Krieger, ein Beschützer der Jungen und Unerfahrenen, ein Lehrer, Weiser und Schamane. Er mag tollpatschig, begriffsstutzig und langsam erscheinen, aber der Schein kann trügen. Wie ein ausgeglichener, scharfsinniger, einfühlsamer Vater betrachtet der Grizzlybär die Fakten von allen Seiten, bevor er seinen Kindern einen Rat erteilt. Schweigend denkt er sorgfältig darüber nach, was ihm gesagt wurde, bevor er seine Sicht der Dinge mitteilt. Seine Entscheidungen sind vernünftig und gründen auf jahrelanger Erfahrung, alter Weisheit und langem Nachdenken. Der Grizzlybär ist ein Denker und Philosoph, der sich an alles zu erinnern scheint. Ein zurückhaltender, stiller Charakter, der selten seine Meinung kundtut, wenn er nicht gefragt wird; er beobachtet alles aus der Ferne (über den Rand einer niedrig sitzenden Brille zum Beispiel oder über die Seite einer leicht abgesenkten Zeitung), macht aber nur selten Einwürfe oder möchte neugierig etwas wissen. Nach außen hin bärbeißig zieht er es vor, seine Weisheit in Geschichten oder Erinnerungen zu vermitteln, die seine ganze Lebenserfahrung zeigen. Der Grizzlybär lehrt die Kunst der Bedächtigkeit und der Abwägung aller Möglichkeiten. Er trifft niemals übereilte Entscheidungen oder drängt auf Lösungen, bevor die Zeit reif ist.

Wenn der Grizzlybär deine Karten besucht, dann bedeutet das, dass du zu Hause willkommen geheißen wirst, zurück an einem warmen, gemütlichen, beschützenden Ort des Verstehens, des Wohlgefallens und der Ganzheit. Es bedeutet, dass du sanft angestupst wirst, mit deinem Vater zu sprechen und ihn um seinen Rat in einer Sache zu fragen, die dir Sorgen macht oder dich bedrückt. Es bedeutet, dass du ermutigt wirst, auf dein Herz zu hören und dich zu fragen, was richtig und was falsch ist, und zu hören, was dein Vater dazu meint. Falls du keinen Vater hast oder aus irgendeinem Grund nicht mit ihm sprechen kannst, ermutigt der Grizzlybär dich, einen anderen »väterlichen« Mann ausfindig zu machen, jemanden, den du kennst und dem du vertraust (einen Onkel vielleicht oder einen Nachbarn), und ihn mit deinen Fragen zu beehren. Die Karte des Grizzlybären schenkt dir eine warme Umarmung, ein anerkennendes Lächeln und einen tröstenden Klaps auf den Kopf. Er verkörpert den Vater und die Liebe, die Unterstützung und den Schutz, die nur ein Vater geben kann.

Biene

Ich habe gute Ideen

Ich liebe Bienen. Sie sind immer emsig dabei, die Qualität ihres Honigs und die Produktivität ihres Bienenstocks zu verbessern. Sie arbeiten im Team, und obwohl sie eine genaue »Hackordnung« haben, sind sie alle gleichberechtigt. Sie arbeiten zusammen, um ein großes Reich aufzubauen, und jede Biene widmet sich der Verbesserung und Weiterentwicklung ihrer Gemeinschaft. In einem Team zu arbeiten ist großartig, weil es dir die Möglichkeit gibt, andere zu unterstützen, während ihr auf ein gemeinsames Ziel hinarbeitet. Außerdem entwickelst du auf diese Weise Fertigkeiten wie Zusammenarbeit, Kommunikation, Führung, das Befolgen von Anweisungen, Geduld und Engagement. Doch auch wenn die Biene für Teamwork ist, unterstützt sie auch den Einzelnen, der durch eine besondere Idee inspiriert wird, hart zu arbeiten und etwas aus sich zu machen; denn wer sich angespornt fühlt, seine Idee zu verwirklichen, macht seine Sache auch gut und entwickelt sich weiter. Ich sage immer: »Honig ist wie Geld«; es erinnert mich an flüssiges Gold. Ähnlich wie König Midas (aus der griechischen Mythologie) mit seiner Fähigkeit, alles, was er berührte, in Gold zu verwandeln, zeigt uns die Biene eine sanftere Version der »Midas-Berührung«. Wenn du die Biene hereinbittest, werden deine guten Ideen ganz sicher im großen Stil verwirklicht. Aber auch, wenn deine Ideen nichts mit Geldverdienen zu tun haben, unterstützt die Biene gute Ideen, weil sie dafür sorgt, dass sie gut gedeihen und reich belohnt werden, denn die Biene ermöglicht den freien Fluss von Freundschaft, Liebe, guten Noten, Glück, Anerkennung und Fülle – in jeder Form.

Wenn die Biene heute in deine Karten gesummt ist, bedeutet das, dass deine Ideen gut sind und dass du in allen Bereichen deines Lebens deine Sache gut machen wirst – solange du niemals an deinen Ideen zweifelst oder sie für dich behältst. Wenn die Biene in deine Karten geschwärmt ist, wirst du damit ermutigt, an Gruppenprojekten und -aktivitäten in der Schule, an Klassendiskussionen und am Teamsport teilzunehmen. Es bedeutet, dass du »deinen Platz« in diesen Aktivitäten finden und dir den Respekt anderer verdienen wirst, weil deine Führungsqualitäten, deine Kommunikationsfähigkeiten und deine positiven Ideen sie beeindrucken und inspirieren werden. Sie werden dich als jemanden sehen, der mitmachen und sich beteiligen will, nicht nur zu deinem eigenen Vorteil, sondern auch zu ihrem. Die Biene sagt auch, dass du ein toller, treuer Freund bist, jemand, der zuhört, sich mit anderen austauscht und gute Ratschläge gibt. Und darauf solltest du sehr stolz sein. Die anderen verlassen sich auf dich, weil du intelligent, fair und gerecht bist, und du solltest jede Möglichkeit nutzen, um diese guten Eigenschaften so weiterzuentwickeln, dass es dir Freude macht und dein Selbstvertrauen noch größer wird. Zugleich ermutigt die Biene dich, dir genauer anzusehen, wie man sich im Wirtschaftsleben verhält und Teams leitet, weil du später als Erwachsener vielleicht in der Geschäftswelt arbeiten möchtest – falls ja, wirst du sehr erfolgreich sein, weil deine Ideen einmalig, sinnvoll und gut für die Erde sein werden. Du wirst ein Auge für Projekte entwickeln, die das Verhalten der Menschen verbessern, und du wirst die Lebensqualität vieler optimieren.

Büffel

Ich bitte um Hilfe

Der Begriff »wechselseitige Symbiose« bedeutet »Zusammenleben ungleichartiger Organismen«, womit Geschöpfe unterschiedlicher Arten gemeint sind, die harmonisch zusammenleben, sich gegenseitig nützen und das Leben des anderen verbessern. Viele Tiere haben eine »symbiotische Beziehung« mit anderen Lebewesen. Ein Beispiel für wechselseitige Symbiose ist die Beziehung zwischen dem Anemonenfisch und der Seeanemone. Der Anemonenfisch (bekannt für sein Revierverhalten) schützt die Anemone vor Meeresbewohnern, die sie normalerweise fressen würden, während die stechenden Tentakel der Anemone dem Anemonenfisch einen sicheren Hafen bieten, um sich vor Raubfischen zu verstecken. Eine Schicht aus schützendem Schleim schützt den Anemonenfisch vor den stechenden Tentakeln der Anemone. Auch Wasserbüffel haben eine symbiotische Beziehung mit einem kleinen Vogel, dem sogenannten Madenhacker. Madenhacker sieht man gewöhnlich auf dem Rücken eines grasenden Büffels hocken, von wo aus sie den Schleim trinken, der sich um Augen und Nase des Büffels bildet, und die Milben und Zecken von seiner Haut picken. Der Büffel profitiert von dieser Beziehung, indem er von Milben und Zecken befreit wird, während der Vogel auf ihm Futter findet. Madenhacker warnen außerdem vor näher kommenden Raubtieren, indem sie ein lautes Geräusch von sich geben, und verschaffen den Büffeln damit noch einen weiteren Vorteil.

Wenn heute der Büffel in deine Karten gewandert ist, dann wird dir damit gesagt, dass du um Hilfe bitten sollst, wenn du sie brauchst. Sei niemals zu stolz, um um Unterstützung, Anleitung oder Hilfe zu bitten, wenn du weißt, dass deine Aufgabe dann leichter sein wird. Wenn du dir in der Klasse nicht sicher bist, wie du etwas erledigen sollst, oder du nicht mehr weißt, welche Aufgabe der Lehrer euch gegeben hat, bitte einen Klassenkameraden oder deinen Lehrer, dir zu helfen. Wenn du mit anderen draußen auf dem Spielplatz bist und die Regeln eures Spiels vergisst – bitte den Teamkapitän, deinen Trainer, ein Teammitglied oder einen Spielkameraden, sie dir noch einmal zu erklären. Wenn du zu Hause bist und Tanzschritte übst, deinen Text für eine Schulaufführung probst oder einfach ein Buch liest und nicht mehr weiterkommst – leg eine Pause ein und bitte jemanden um Hilfe. Egal, wer du bist, was du tust oder wo du gerade bist – wenn du Hilfe brauchst, bitte darum. Das macht dir das Leben nur leichter – und auch den anderen. Wenn du zum Beispiel deinen Text auswendig weißt, legst du einen guten Auftritt in der Theatergruppe hin, wenn du die Spielregeln kennst, sorgst du dafür, dass dein Team erfolgreich ist, und wenn du weißt, was du in der Klasse zu tun hast, und es dir zutraust, dann wird dein Lehrer dadurch ein besserer Pädagoge und kann besser erklären, was wiederum allen anderen Kindern in deiner Klasse zugutekommt. Und wenn du schon dabei bist, wie wäre es, wenn du auch gleich noch eine symbiotische Beziehung mit Mutter Erde eingehst, indem du sie um Hilfe bittest – und ihr gleichzeitig deine Unterstützung zusagst? Wenn du dich zum Beispiel das nächste Mal allein, durcheinander oder unsicher fühlst, bitte die Erdenmutter um Hilfe. Sie wird deinen Ruf beantworten, indem sie dir einen tierischen Boten sendet, der die Weisheit hat, deine Frage zu beantworten.

Wenn du deine Frage stellst, warte einfach darauf, dass ein Tier erscheint – körperlich oder bildlich, zum Beispiel auf einem T-Shirt, einem Schild oder einem Lastwagen. Wenn du das Tier erblickst, nimm dir Zeit, um die Botschaft zu entschlüsseln, die das Tier vielleicht mitzuteilen versucht, oder erforsche sein *Träumen* oder seine Medizin. Zeige dich erkenntlich, indem du etwas tust, von dem du weißt, dass es dem Tierreich und Mutter Erde nutzen wird – ohne erst gebeten werden zu müssen. Stelle zum Beispiel für die Vögel im Sommer etwas Wasser draußen hin, oder pflanze einen Baum, mulche deinen Garten oder sammle Abfall von der Straße und wirf ihn in eine Mülltonne. Um Hilfe zu bitten, nützt am Ende allen um dich herum, besonders wenn du voller Selbstwertgefühl darum bittest und dich bereitwillig und liebevoll für den Gefallen erkenntlich zeigst.

Delfin

Ich weiß, wohin ich gehe

Ich liebe Bootsausflüge, du auch? Vor allem, wenn das Boot groß genug ist, um auch auf rauer See damit fahren zu können! Nichts macht mehr Spaß, als die salzige Luft zu riechen, das kalte, nasse Platschen des Meerwassers zu fühlen, wenn das Boot auf die Wellen trifft, und den warmen Sonnenschein zu spüren. Das Einzige, was dieses Erlebnis noch magischer macht, ist, wenn plötzlich Delfine auftauchen. Warst du schon einmal auf einem Boot, das von einer Herde Delfine verfolgt wird? Wow, ist das aufregend! Sie schwimmen backbord oder steuerbord, springen und tauchen durch den weißen Schaum, während das Boot durch das Wasser schneidet. Es ist, als ob sie das Boot auf seiner Reise lenken und es sicher aus dem Hafen aufs offene Meer geleiten. Es ist, als ob sie sich vergewissern, dass wir nicht abgelenkt werden, dass wir konzentriert bleiben und uns nicht verirren. Der Delfin ist ein Führer - dessen Aufgabe darin besteht, uns zu helfen, im Gleichgewicht und in Harmonie zu bleiben. Er erinnert uns daran, wieder zu atmen, wenn uns der Atem stockt, weil wir sonst unseren kreativen Ausdruck und unsere Freiheit behindern, wir selbst zu sein. Indem er uns ermutigt zu atmen, bringt er unsere Kreativität zum Fließen, damit sie niemals von Angst oder mangelndem Selbstwertgefühl gehemmt wird. Der Delfin verankert das Bewusstsein in uns, wohin wir gehen, warum wir hier sind und was wir tun müssen, um die Welt besser zu machen. Er erinnert uns daran, worin wir gut sind und wie wir diese Talente am besten einsetzen können, um unser Leben zu verbessern und etwas Gutes für die Erde zu tun.

Wenn der Delfin heute in deine Karten gesprungen ist, ist das ein wundervolles Zeichen. Es sagt dir: »Du weißt, wohin du gehst.« Bewusst weißt du vielleicht nicht, was dein Leben für dich bereithält oder »was du als Erwachsener sein willst«, aber unterbewusst weißt du es sehr wohl. Du meinst vielleicht, nicht zu wissen, wie der Tag sich entwickeln wird oder was passieren wird, und das tust du auch nicht – bewusst. Aber unterbewusst weißt du es sehr wohl. Es wurde alles schon ausgearbeitet, geplant und geregelt – von dir selbst. Auf einer tieferen Ebene weißt du, was dein ganzes Leben für dich bereithält. Du weißt, welche Möglichkeiten dir geboten werden müssen und welche Lektionen du erleben musst, um dein Schicksal zu erfüllen. Du weißt das alles, weil es schon vorherbestimmt wurde, lange bevor du geboren wurdest; es wurde schon entworfen, als du noch im Bauch deiner Mutter warst. Alles, was du wissen musstest, um ein erfüllendes Leben zu führen, wurde programmiert, während du herangewachsen bist. Deine einzige Aufgabe in diesem Leben besteht darin, dafür zu sorgen, dass du zur rechten Zeit am rechten Ort bist, um deine Möglichkeiten zu bekommen und deine Lektionen zu lernen. Und damit du in jedem Fall Erfolg dabei hast, wurde dir der Delfin als Führer geschickt. Er wird dich lenken, dich hinaus in die Welt leiten. Denke daran – du weißt, wohin du gehst. So etwas wie Zufälle oder Versehen gibt es nicht. Nichts geschieht einfach zufällig; alles »soll sein«. Erlaube dem Delfin, dir den Weg zu zeigen, und wenn du vor Problemen und Prüfungen stehst, lass deine Ängste und Sorgen los – und atme. Das Leben ist gut. Lebe es gut.

Drache

Ich habe alles, was ich brauche

Mein kleiner Sohn Kaleb wurde im Jahr 2000 geboren. Nach der chinesischen Astrologie ist er, da er im Jahr 2000 geboren wurde, ein Metall-Drachen. Als wir ihm erzählten, dass die zwölf Tiere des Tierkreises heilig sind, weil man sagt, dass sie im Herzen wohnen, wurde Kaleb ganz aufgeregt, weil er fand, dass er einen Vorsprung hatte – die Macht, wie ein Drache zu sein. Die Macht, ein Drache zu SEIN! Kaleb LIEBT es, ein Drache zu sein! Er liebt es, Drachen zu sammeln und Drachengeschichten zu lesen. Als er noch jünger war, fragte er immer, wann er denn endlich Feuer atmen könnte, weil (so dachte er) ein Drache zu sein ja eigentlich bedeutete, dass er alles tun konnte, was ein Drache eben so macht! 2000 war ein glückverheißendes Jahr für die Menschen in China, weil sie wussten, dass die Kinder, die im Zeichen des Metall-Drachens geboren werden, erfolgreich sein; ihnen wird es an nichts fehlen, und sie werden einflussreich in ihrem Gebiet sein. Viele Familien planten die Geburt ihrer Kinder für diese Zeit, in der Hoffnung, dass sie mit einem Metall-Drachen-Baby gesegnet würden – einem exzentrischen, störrischen und leidenschaftlichen Kind. Drache-Menschen können sich leicht aufregen, sie sind ehrlich und tapfer, unabhängig und »anders«. Oft flößen sie anderen Ehrfurcht ein, weil sie so eine temperamentvolle Persönlichkeit haben. Schon von klein auf sind sie mehr als fähig, alles, was sie berühren, in Gold zu verwandeln. Später nehmen sie erfolgreich verantwortungsvolle Positionen ein und werden für ihr großes Allgemeinwissen und ihre dynamischen Führungskompetenzen geachtet. Der Metall-Drache zeigt Ehrgeiz, unermüdlichen Enthusiasmus, Selbstvertrauen, Intelligenz und Kreativität. Für den Metall-Drachen ist das Leben gut, er kennt den Wert wahrer Sicherheit durch persönliche Erfahrungen. Metall-Drachen sind gute Partner, auch wenn die Männer ziemlich theatralisch sein können, weil sie gerne im Mittelpunkt stehen. Drache-Frauen hingegen lieben romantische Tagträume, langsames Tanzen und guten Wein!

Ob du nun in einem »Drache-Jahr« (1904, 1916, 1928, 1940, 1952, 1964, 1976, 1988 oder 2000) geboren bist oder nicht, wenn der Drache sich heute in deinen Karten zeigt, dann wird dir damit gesagt, dass du alles hast, was du brauchst, um jetzt ein gesundes, erfüllendes Leben zu führen. Du brauchst dich nicht benachteiligt zu fühlen, und du brauchst dich auch nicht zu sorgen oder verbittert zu sein, dass andere anscheinend »mehr« haben als du. Ob du nun von einer großen, geflügelten Schlange aus Mythen und Legenden besucht wurdest oder von einer einfachen Eidechse, die ein paar kleine Stacheln auf dem Rücken und lange Krallen hat – die Dracheenergie, die dich gerade umgibt, kennzeichnet dich als jemanden, der von Natur aus mit allem versehen ist, um ein erfolgreiches Leben zu führen. Wie mein kleiner Sohn, der nicht in eine reiche oder besonders wohlhabende Familie hineingeboren wurde, oder ich, der in keinem Jahrbuch in der Kategorie »höchstwahrscheinlich erfolgreich« steht, fließt auch in deinen Adern die Leidenschaft, das Talent und der Reichtum des Drachens, eine Energie, die dafür sorgt, dass du im Leben Erfolg haben wirst, ob du es beabsichtigst oder nicht. Du hast alles, was du brauchst, um deine Träume zu verwirklichen, weil du genau das hast – TRÄUME. Drache-Menschen folgen ihren Träumen, und sie haben die Energie und die Leidenschaft, um sie zu verwirklichen. Allein durch ihre Willenskraft verwandeln sie ihre Träume in Realität. Sie betrachten ihre Träume als real und nicht als Einbildung. Sie sehen sie als Entwürfe oder Pläne für die Zukunft, und sie folgen ihnen aufs Wort. Auch wenn du also vielleicht nicht im Jahr des Metall-Drachens geboren wurdest, hast du dennoch die Tatkraft und den Ehrgeiz, wie einer zu leben. Mach es zu deinem Motto - »Ich habe alles, was ich brauche« -, und mach dich darauf gefasst, in allen Bereichen des Lebens erfolgreich zu sein. Alles ist möglich, wenn du den Drachen an deiner Seite hast, und was könnte besser sein?

Eidechse

Ich höre auf meine Träume

Wie alle Säugetiere bist auch du von Natur aus endotherm oder warmblütig. Anders als Eidechsen und andere Reptilien kannst du eine konstante Körpertemperatur aufrechterhalten, ohne dabei auf die Unterstützung deiner Umwelt angewiesen zu sein. Reptilien sind von Natur aus ektotherm. Ektotherme Lebewesen sind »kaltblütig« – sie sind von ihrer Umgebung abhängig, um ihre Körpertemperatur zu regulieren. An einem warmen Tag zum Beispiel, an dem die Sonne vom Himmel strahlt, brauchen ektotherme Lebewesen, um »warm zu werden«, nur in der Sonne zu liegen und die Wärme in sich aufzunehmen, um ihren Körper anzuregen, aktiv zu werden. Sie sonnen sich, tanken die energiespendenden Sonnenstrahlen, bis ihr Körper genug Energie erzeugt, um sich bewegen oder nach Futter jagen zu können. Aber wenn es kalt ist und keine Sonne scheint, bleiben auch sie kalt und regungslos. Wenn du also eine Eidechse in der Sonne baden siehst, dann wird man es dir nachsehen, wenn du meinst, dass das Tier schläft, denn im Grunde sieht es ja genau danach aus. In Wirklichkeit aber könntest du damit nicht weiter von der Wahrheit entfernt liegen. Eidechsen schlafen nicht, während sie in der Sonne baden. Sie sind hellwach – munter, aber unfähig, besonders viel zu tun. Statt also ihre Zeit zu verschwenden, verbringen sie sie mit Tagträumereien, so heißt es – und erforschen in Visionen ihre mögliche Zukunft.

Wenn die Eidechse sich heute in deine Karten geträumt hat, dann wirst du gefragt: »Hast du schon mal ein Déjà-vu gehabt?« Nun, falls ja, dann bedeutet das, dass du genau wie die Eidechse ein Tagträumer bist! Und trotz allem, was deine Lehrer vielleicht dazu sagen – so etwas ist wirklich spannend, weil es bedeutet, dass du bereits einen Blick darauf erhascht hast, was deine Zukunft für dich bereithält. Wenn du in Tagträumen versunken bist, reist dein Astralkörper (dein »Geistkörper«, der deine Seele oder dein höheres Bewusstsein regiert und Seite an Seite mit deinem physischen Körper existiert) aus deinem physischen Körper hinaus und »checkt« die Möglichkeiten ab, die dir später geboten werden. Er besucht praktisch die Zukunft und erforscht das Potenzial deiner Tagträume. Sobald dir aber bewusst wird, dass du in Tagträumen versunken bist, »springt« dein Astralkörper zurück, vereint sich wieder mit deinem physischen Körper und überlässt es dir, darüber nachzudenken, was du gerade im Sinn gehabt hast. Nach etwa einer Woche erlebst du dann vielleicht ein Déjà-vu, das Gefühl, dass du »hier schon mal gewesen bist oder das schon mal gemacht hast.« Tatsache ist: Du WARST schon mal hier und HAST das schon mal gemacht – nur nicht im physischen Sinne. Aber das ist noch nicht das Beste. Sobald du einmal weißt, dass dieses Déjà-vu »real« ist und dass dein Gefühl, »hier schon mal gewesen zu sein oder das schon mal gemacht zu haben«, ebenfalls »real« ist, wird die Zukunft viel weniger besorgniserregend. Dir eröffnet sich eine ganz neue Welt der Möglichkeiten, denn sobald du weißt, dass du die Zukunft besuchen kannst, und dich darin schulst, wachsam zu sein, wenn es passiert, kannst du dich auf die Möglichkeiten vorbereiten, die dir geboten werden, wenn du später auch körperlich »dort ankommst«. Wenn du erkannt hast, dass du in einem Tagtraum bist, und dir Zeit nimmst, um dich an diesem »Zwischen-Ort« umzusehen, dann weißt du später, wenn das Gefühl eines Déjà-vus eintritt, was du erwarten kannst. Alles, was du dann noch tun musst, ist, nach den Symbolen Ausschau zu halten, die dir in deinem Tagtraum gezeigt wurden. So ist man immer organisiert und niemals überrascht oder schlecht vorbereitet. Ob du also tagsüber oder nachts träumst, die Eidechse ermutigt dich, deinen Träumen zuzuhören. Sie schenken dir mehr Macht und Möglichkeiten, als du dir bislang vielleicht vorstellen konntest.

Einhorn

Ich bin heilig

Das Einhorn trat zuerst als Wappentier in Erscheinung, das die Jahreswechsel ankündigte. Im Laufe der Jahre veränderte sich sein Aussehen viele Male, je nachdem, wer die Geschichte erzählte, von einem stierähnlichen Tier über eine Ziege bis hin zu einem Nashorn. Die pferdeähnliche Gestalt, die wir heute sehen, ist jedoch die bekannteste und beliebteste von allen. Ein Grund für den Wandel des Einhorns zum Pferd wird in mehreren Pferdeschädeln gesehen, die in alten sibirischen Grabhügeln entdeckt wurden. Jeden Schädel zierte ein einzelnes, reich verziertes Lederhorn, das in der Mitte der Stirn mit Riemen befestigt war. Man glaubt, dass diese Hörner als heilige Symbole der Fruchtbarkeit verehrt wurden, als Symbole, die Neuanfänge versprachen und Träume Wirklichkeit werden ließen. Mit der Zeit verkörperte das Einhorn Hoffnung und Inspiration, den Wunsch, nicht mehr im Verborgenen zu bleiben, nicht mehr vorzugeben, etwas zu sein, was man nicht ist. Das Einhorn wurde zu einem Symbol des Lichtes – und der Liebe, einer Macht, die Hilfe schenkt und Vertrauen weckt. Es ermöglicht uns, Ungewissheit in Erwartung zu verwandeln. Es ist ein Versprechen, dass immer ein Licht vor uns leuchtet. Es ist der Vorbote einer Zeit des Neuanfangs und der Hoffnung, besonders, wenn du weißt, dass du das Richtige tust, auch wenn es sich gerade nicht so anfühlt.

Wenn das Einhorn auf magische Weise in deinen Karten erschienen ist, wird dir gesagt, dass alles gut wird. Wie ein Leitstern führt das Einhorn alle, die reinen

Herzens sind, zu einem Ort des Wissens. Und wenn das Einhorn in deinen Karten erschienen ist, wird dir damit gesagt, dass du so jemand bist. Dir wird gesagt, dass du besonders, schön und heilig bist und wert, die besondere Führung dieses magischen Tieres zu erhalten. Wie die meisten anderen magischen Geschöpfe zeigt sich das Einhorn nur Menschen, die GLAUBEN und die reine Liebe aus ihrem Herzen strahlen lassen. Das Einhorn offenbart sich nur Menschen, die auf ihre Worte auch Taten folgen lassen und jeden und alles in ihrer Umgebung gleichwertig behandeln. Für das Einhorn bist du heilig, ein besonderes Wesen, das besondere Aufmerksamkeit verdient. Als Freund des Einhorns musst du lernen, dich als schöne Person mit einem schönen Herzen zu sehen. Du musst anfangen, mehr an dich zu glauben und dich zu Größerem bestimmt zu sehen. Das Einhorn zeigt sich nicht einfach jedem. Dass das passiert ist, bedeutet, dass du jemand ganz Besonderes sein musst. Es ist nicht einfach nur eine Fantasie oder eine Vorstellung – es ist eine TATSACHE. Wenn du das nächste Mal niedergeschlagen bist oder dich ängstlich, einsam oder durcheinander fühlst, denke daran, dass das Einhorn mit dir geht, als dein Mentor, Beschützer – und Freund. Halte den Kopf hoch, und fühle dich gut, in dem Wissen, dass das Horn des Einhorns alle deine negativen Gedanken auslöschen und dich von »giftigen« Selbstgesprächen heilen wird. Sage dir selbst: »Ich bin heilig«. Sage es mit Leidenschaft, und fühle dabei die Liebe des Einhorns herbeifliegen und dein Herz erwärmen.

Elefant

Ich verzeihe

Wenn ich einen Zoobesuch mache, steuere ich immer direkt auf die Elefanten zu. Ihre intelligenten Augen sind so verständnisvoll und verzeihend, und die Energie, die sie ausstrahlen, ist sanft und gebieterisch zugleich. Trotz ihrer Größe sind Elefanten strenge Pflanzenfresser, was bedeutet, dass sie sich nur von Früchten, Blättern, Blumen, Gras, Heu, Wurzeln und Rinde ernähren. Die Beziehungen in der Gruppe sind sehr eng, jeder wird mit seinen Stärken und Schwächen angenommen. Deshalb wird immer die älteste Elefantenkuh wegen ihres über lange Jahre angesammelten Wissens und ihrer Weisheit zur Anführerin der Herde bestimmt. Elefanten können in der Wildnis bis zu 65 Jahre alt werden. Wenn sie sterben, werden die Toten noch jahrelang betrauert. Es ist nicht ungewöhnlich, dass die Überreste eines gestorbenen Elefanten noch Jahr für Jahr von den noch lebenden Familienmitgliedern aufgesucht werden. Es ist erstaunlich, aber die Elefanten nehmen sich Zeit, um Tränen zu vergießen und ihren Schmerz hinauszutrompeten oder sich still zu erinnern, bevor sie weiterziehen. Der Legende nach sollen Elefanten niemals vergessen, wenn ihnen Unrecht widerfahren ist. So können sie zum Beispiel jahrelang angeseilt oder angekettet sein, von ihren Haltern oder Dompteuren gequält, und gehorsam tun, was von ihnen verlangt wird, ohne sich zu widersetzen. Aber dann sagen sie eines Tages plötzlich: »Es reicht«, und sie randalieren, reagieren jahrelange Frustration, Wut und Verwirrung ab. Genauso vergessen sie aber auch niemals eine gute Tat.

Es können Jahre vergehen, nachdem ein Elefant eine Freundlichkeit erfahren hat, aber wenn sich die Gelegenheit ergibt, sich erkenntlich zu zeigen, dann ergreift ein Elefant sie. Ein Beispiel hierfür sahen Überlebende des Tsunamis an Weihnachten 2004 mit eigenen Augen, als mehrere domestizierte Elefanten ihre Fußfesseln sprengten, sich verängstigte Menschen freiwillig auf den Rücken hoben und mit ihnen in Sicherheit rannten.

Wenn der Elefant heute in deine Karten getrottet ist, dann wirst du gebeten zu verzeihen. Vielleicht ist dir in der Vergangenheit Unrecht zugefügt worden, oder du musstest eine Erfahrung durchmachen, die dich noch heute verfolgt. Vielleicht hast du einen lieben Menschen verloren und trauerst seither um diesen schmerzlichen Verlust. Vielleicht wurdest du über einen langen Zeitraum geschmäht, veralbert oder schlecht behandelt, oder auf dir liegen Verpflichtungen oder Erwartungen, mit denen andere in deinem Alter normalerweise nicht fertig werden müssen. Vielleicht wurde dir die Schuld für etwas gegeben, wofür du nichts kannst, oder ein Freund von dir hat etwas getan, um dich zu ärgern. Was immer der Grund ist, der Elefant sagt: Es ist Zeit weiterzugehen, es ist Zeit zu verzeihen. Natürlich kannst du nicht einfach den Grund für deine Traurigkeit oder deinen Schmerz vergessen (wie solltest du auch, selbst wenn du es wolltest?), aber du schuldest es dir selbst zu verzeihen. »Aber wem soll ich verzeihen?«, höre ich dich fragen. Nun, das hängt von dem Grund und den Umständen ab, die dazu geführt haben, dass du diese Karte gezogen hast. Vielleicht musst du aus ganzem Herzen einer oder mehreren Personen verzeihen, was sie dir angetan haben. Vielleicht musst du Gott oder dem Großen Geist verzeihen, dass er dich von vornherein in diese Lage gebracht hat. Oder vielleicht musst du dir selbst dafür verzeihen, dass du der Situation zum Opfer gefallen bist. Tatsächlich tragen viele Leute Schmerz, Trauer und Scham mit sich herum – die meisten tun das in der einen oder anderen Form, aber weißt du was? Das Schlimmste daran ist für sie gewöhnlich die Schuld, die sie sich selbst daran geben. Sie verbringen Jahre damit, über das »Was wäre, wenn« nachzugrübeln. Was wäre, wenn sie zum Beispiel etwas Besseres oder anderes getan hätten, dann wäre die Sache vielleicht gar nicht erst passiert. Aber es ist zu spät. Du kannst die Zeit nicht zurückdrehen. Statt verbittert zu werden, auf Rache zu sinnen oder vor Trauer ganz krank zu werden, verzeihe aus ganzem Herzen. Es wird nicht einfach sein, und es könnte ein wenig dauern, aber danach wird es dir besser gehen. Du wirst als Person daran wachsen und stärker werden. Überlege, wie sich dieser Vorschlag für dich anfühlt. Probiere es aus. Es kann nicht schaden. Und außerdem – es könnte helfen.

Ente

Ich bin ruhig

Von klein auf hatte ich Enten als Haustiere. Sogar jetzt habe ich noch eine kleine Schar Appleyard-Enten in meinem Geflügel-auslauf. Sie teilen sich den Hof mit Fantail-Tauben, Chabo-Zwerg-hühnern, Perlhühnern und Pfauen. Enten sind leicht an ihrem flachen, schaufelähnlichen Schnabel, runden Kopf und an den Schwimmfüßen zu erkennen. Die Männchen haben oft andere Farben als die Weibchen, wobei die Männchen im Allgemeinen ein leuchtenderes Gefieder und eine hakenförmige, nach oben gewandte Schwanzspitze haben. Aber nur die Weibchen machen das unverwechselbare »Quak« – die Männchen dagegen geben eine Art krächzendes, hohles Zischen von sich. Hier in Australien gibt es viele unterschiedliche einheimische Entenarten, darunter die Dunkelente, die Pfeifgans und die Mähnengans. Die australische Mähnengans ist eine mittelgroße Ente, erinnert aber an eine Gans. Sie nistet in hohlen Baumästen. Wenn ihre Jungen schlüpfen, verlassen sie das Nest und fallen arglos auf den Boden wie kleine flaumige Bälle. Hast du schon einmal eine Ente über einen Teich oder See schwimmen sehen? Sie scheinen mühelos, sanft und anmutig über die Wasseroberfläche zu gleiten. Sie bieten so einen friedvollen Anblick – aber sieh einmal genauer hin. Unterm Wasser paddeln ihre kleinen Füße wie verrückt! Eine Ente braucht eine Menge Energie, um so ruhig über das Wasser zu schwimmen!

Wenn die Ente heute in deine Karten gepaddelt ist, dann wird dir damit gesagt, dass es manchmal nötig ist zu verbergen, wie du dich eigentlich fühlst, um den Eindruck von Selbstvertrauen und Gleichmut zu bewahren, besonders wenn du gerade in Schwierigkeiten bist. Ein tapferes Gesicht zu machen, besonders, wenn du eigentlich lieber weinen möchtest, ist sehr schwierig. Aber manchmal ist es wichtig, so zu tun, als wäre man ruhig und locker. Es hilft dir, mühelos durchs Leben zu gleiten, Hindernisse, Konfrontationen und bohrende Fragen zu umgehen. Statt zu Boden zu sacken und dem Druck nachzugeben, wird die Ente dir helfen, ruhig und in deinen Gefühlen ausgeglichen zu erscheinen, so dass du es vermeiden kannst, ihnen in der Öffentlichkeit Luft zu machen. Am falschen Ort kann so ein Gefühlsausbruch dich nämlich deine Glaubwürdigkeit und Macht kosten. Du möchtest bestimmt nicht immer »vor dir hertragen«, wie du dich fühlst; deshalb ist heute die Ente in deinen Karten aufgetaucht, um dich in der Kunst der Selbstbeherrschung zu trainieren. Sie wird dich lehren, ruhig zu erscheinen, innerlich stärker, als du vielleicht in Wahrheit bist, und gleichzeitig in deiner Mitte – auch, wenn du aufs Härteste geprüft wirst. Ob in der Klasse, mit deinen Freunden oder in einer Führungsrolle oder verantwortungsvollen Position oder zu Hause mit deiner Familie – die Ente wird dir beibringen, deine Gefühle ins Gleichgewicht zu bringen, damit du lernst, sinnvoll und objektiv mit anderen zu kommunizieren, ohne deine Empfindungen störend dazwischenfunken zu lassen. Die Ente hilft dir, Persönliches auch persönlich zu lassen, aber nie in der Art, dass du das Gefühl hast, dass du mit schweren Problemen alleine zurechtkommen musst. Es ist wichtig, sich an dein Netzwerk aus Menschen zu erinnern, denen du so viel wert bist, dass sie dir helfen und dich unterstützen. Werde aber nicht so gleichmütig, dass du andere unbeabsichtigt ausschließt, besonders die, die dir gerne eine Schulter zum Ausweinen oder ein offenes Ohr schenken. Wenn die Wellen deiner Gefühle zu hoch schlagen, rät dir die Ente, einfach ans Ufer zu schwimmen und dich zu erden. Sie schenkt dir die Mittel, um anmutig durchs Leben zu steuern und deine Gefühle ruhig und gelassen zu erforschen und zu akzeptieren.

Eule

Ich sage immer die Wahrheit

Ich wette, du dachtest, dass die Eule nur ein nachtaktiver Vogel ist, dass sie nur nachts gut genug sehen kann, um zu jagen? Nun, wenn ja, dann liegst du teilweise richtig. Die Eule ist ein nachtaktiver Vogel, aber sie kann auch tagsüber hervorragend sehen. Das Geheimnis der Eule als erfolgreiche Jägerin liegt darin, dass sie die Stille und Ruhe der Nacht bevorzugt, um ihre Beute ausfindig zu machen. Eulen haben außergewöhnlich gute Ohren und finden es wesentlich einfacher, ihr Lieblingsessen zu orten, wenn sie danach horchen können. Auch ihre Augen sind wie gesagt sehr scharf; sobald eine Eule also ein Beutetier anhand seiner Geräusche geortet hat, muss sie nur noch hinabschießen und es still und leise mit ihren mächtigen Klauen packen. Die Eule ist ein ehrenvoller Vogel. Sie kann sehen, was anderen verborgen bleibt. Sie kann das leiseste Geräusch hören und ohne Vorwarnung zuschlagen. Sie erinnert uns daran, dass, wie sehr wir auch versuchen mögen, unser Tun zu verbergen oder zu verstecken, jemand es irgendwann herausfinden wird. Statt uns hinter einem Schleier aus Lug und Trug zu verbergen, ermutigt uns die Eule also, unser wahres Selbst zu zeigen und dabei den anderen zu gestatten, uns so zu sehen und zu hören, wie wir wirklich sind.

Wenn die Eule heute in deine Karten herabgeschossen ist, dann sei gewarnt, dass du immer die Wahrheit sagen musst – egal, wie schwer das manchmal zu sein scheint. Wenn du nicht die Wahrheit sagst, wird irgendjemand es am Ende herausfinden. Vielleicht wirst du dir unbeabsichtigt selbst ein Bein stellen, indem du deine Lüge vergisst und die Wahrheit später versehentlich in einem Gespräch verrätst. Vielleicht wird jemand die Unehrlichkeit in deinen Augen oder in deinem Gesichtsausdruck sehen, oder dein unsicherer Tonfall verrät dich. Die Eule ermutigt uns, immer die Wahrheit zu sagen, weil das Schicksal auf leisen Schwingen daherkommt und nur darauf wartet, plötzlich jene bloßzustellen, die anders handeln, als sie reden. Die Eule erinnert uns daran, uns selbst immer treu zu bleiben, so wie wir wirklich sind, uns nie hinter Lug und Trug zu verstecken und immer selbstbewusst und stolz den Kopf hochzuhalten. Du bist ein vollkommenes Wesen und lebst dein Leben so gut du kannst. Du hast keinen Grund, Lügen zu erzählen. Wenn du einen Fehler machst oder die falsche Abzweigung nimmst, sei großmütig genug, um es zuzugeben - und sei mutig genug, um daraus zu lernen. Tu nicht so, als wäre es nie geschehen. Erfinde keine Lüge in dem Versuch, deine Spuren zu verwischen. Wenn du lernst, deine Fehler zuzugeben, wirst du niemals wieder im Dunkeln tappen, ohne einen Ort, wohin du gehen, oder jemanden, an den du dich wenden kannst.

Eulenschwalm

Ich höre zu

»*Eine weise alte Eule saß in einer Eiche.*
Je mehr sie hörte, desto weniger sprach sie.
Je weniger sie sprach, desto mehr hörte sie.
Warum sind wir nicht wie dieser weise alte Vogel?«

Obwohl die meisten Leute den australischen Eulenschwalm für eine Eule halten, gehört er eigentlich gar nicht zur Familie der Eulen. In Wirklichkeit ist er ein ungewöhnliches Mitglied der Familie der Nachtschwalben. Er hat die gleichen nächtlichen Verhaltensweisen und ähnliche Jagdtechniken wie die Eule, und genau da beginnt wahrscheinlich die Verwechslung. Der Eulenschwalm sitzt mucksmäuschenstill da, das Gesicht himmelwärts gerichtet, und sieht dabei aus wie ein toter Ast. Er erfüllt uns mit respektvollem Schweigen. Er ermutigt uns, still zu sitzen, mit unserem (inneren und äußeren) Geschwätz aufzuhören und die heilige Stille zu würdigen. Wenn wir unsere Zeit damit verbringen, unaufhörlich zu reden, verpassen wir viele wichtige Informationen. Wenn wir immer nur ein Ohr für Tratsch und leichtfertiges Gerede haben, verpassen wir, was wirklich gesagt wird. Wir versäumen es, die subtilen Hinweise, Zeichen und Inspirationen zu nutzen, die uns Tag für Tag begegnen, weil wir sie regelrecht überhören. Statt zu reden, trainiert uns der Eulenschwalm daher in der Kunst des Zuhörens.

Wenn der Eulenschwalm heute in deine Karte geflogen ist, ist er bereit, dir zuzuhören, wenn du dich über dein Leben beschwerst und ihm deinen Ärger und deine eifersüchtigen Gedanken über andere Menschen mitteilst, und er ist auch bereit, von dir den Klatsch und Tratsch erzählt zu bekommen, der dir im Laufe des Tages zu Ohren gekommen ist. Er ist sogar bereit, deine leeren Versprechungen anzuhören, dich zu bessern, und deine Drohungen, sie nur zu halten, wenn du bekommst, was du willst. Der Eulenschwalm hört dir nur allzu gerne zu ... aber wenn du dann eine Rückmeldung von ihm haben willst, erwarte besser keine. Er wird kein Wort von dem gehört haben, was du ihm alles erzählt hast. Der Eulenschwalm ist zu weise, um sich mit so belanglosem Geplänkel abzugeben. Obwohl er dich deine Zeit verschwenden und schwatzen lässt, wird er dein Gerede gar nicht beachten. Er hat weder Zeit noch Lust, dein eitles Geschwätz mit anzuhören. Er will, dass es dir gut geht, aber dein albernes Geschwafel kümmert ihn nicht besonders. Der Eulenschwalm ermutigt dich zu verstummen, still zu werden und den Mund zu halten. Es interessiert ihn nicht zu hören, wie langweilig dein Leben ist oder wie sehr X oder Y dich nervt oder sich in deine Beziehungen einmischt. Den Eulenschwalm kümmert nur, wie du dich selbst siehst, wo du deine Schwächen siehst und welche notwendigen und nutzbringenden Änderungen du in deinem Leben in Gang setzen willst. Einfach ausgedrückt will er nur hören, was du gegen deine Probleme unternehmen wirst. Der Eulenschwalm bittet dich, einmal beiseitezutreten und dir dein Verhalten von außen anzuschauen. Sieh dir an, wie du damit umgehst, was das Leben dir bietet. Hör dir zu, wie du darauf reagierst. Beobachte, wie du agierst und reagierst. Der Eulenschwalm wird deine Fragen vielleicht mit Gegenfragen beantworten.

Statt dir geradeheraus eine Antwort zu geben, lädt er dich dazu ein, selbst die Antworten auf deine Fragen zu finden. Obwohl er dir vielleicht Vorschläge macht, antwortet der Eulenschwarm immer nur in einer Weise, die dich zu größerem Nachdenken anregt. Der Eulenschwalm versichert dir: Wenn du nicht bereit bist zuzuhören, wird jeder Rat an dich umsonst sein; zur Kenntnis genommen vielleicht, aber schon bald wieder vergessen. Wenn du also nicht bereit bist innezuhalten, zuzuhören, den Rat zu hören, der dir erteilt wird, und zu tun, was getan werden muss, um ihn umzusetzen, dann wäre es klug von dir, diese Karte wieder in den Stapel zu stecken und eine neue zu ziehen.

Frosch

Ich respektiere meine Gefühle

Warst du schon einmal im australischen Outback? Im Grunde ist es eine trockene, ausgedörrte Wüste. Aber in dem Moment, in dem es anfängt zu regnen, erwacht das Outback mit den Geräuschen von Vögeln, Fröschen und Insekten zum Leben. Die scheinbar unwirtliche Wildnis verwandelt sich dann in einen wahren Teppich aus kunterbunten Wildblumen – und aus dem Nirgendwo scheinen plötzlich Unmengen von Tieren aufzutauchen. Die Regenzeit wird immer von natürlichen Zeichen angekündigt, und eines dieser Zeichen ist der Chor der Frösche. Immer, wenn du einen Frosch quaken hörst, kannst du darauf wetten, dass Regen unterwegs ist. Der Frosch heißt den Regen willkommen. Er singt zu den Regengeistern, lädt sie ein, bittet sie, großzügig ihre Schleusen zu öffnen. Nur, wenn Regen fällt, kann die staubige Erde sich setzen. Und nur wenn der Staub sich setzt, können die Samen, die von den Wildblumen und -pflanzen verbreitet wurden, keimen und selbst zu Wildblumen und -pflanzen werden. Der Regen nährt die Samen und läßt sie wachsen und gedeihen. Wenn du den Regen von der symbolischen Seite betrachtest, fällt er genau wie die Tränen, die uns nach einer schweren oder traurigen Zeit die Wangen hinunterrinnen. Unsere Tränen nähren unsere Seele. Sie reinigen unser Herz von negativen Gefühlen – von Überbleibseln, die drohen unseren Schöpfergeist und unsere Produktivität zu behindern, wenn sie sich selbst überlassen werden.

Wenn der Frosch sich heute in deine Karten gequakt hat, wirst du gebeten, deine Gefühle zu respektieren und deine Tränen willkommen zu heißen. Wenn du so frustriert bist, dass du nur noch weinen willst – dann weine. Wenn du so wütend bist, dass du den Tränen nahe bist – dann weine. Wenn du von Glück überschwemmt wirst oder auch von Tränen – lass sie fallen! Wehre dich nicht gegen das Bedürfnis zu weinen. Halte deine Tränen nicht zurück, und entschuldige dich NIEMALS für sie. Wir müssen lernen zu weinen – wir alle. Wir müssen uns an den heiligen, reinigenden Zweck unserer Tränen erinnern. Wenn mehr Menschen ihre Tränen respektieren würden, könnten sie wesentlich einfacher und glücklicher auf dieser Welt leben. Hast du schon einmal innegehalten und festgestellt, wie großartig du dich fühlst, wenn du dich wirklich ausgeweint hast? Dein Körper fühlt sich erfrischt, lebendig und belebt an, dankbar und empfänglich – alles gleichzeitig. Wenn du dich richtig ausgeweint hast, fühlst du dich bereit, von Neuem anzufangen, aufzustehen und etwas gegen das zu tun, was dich ursprünglich zum Weinen gebracht hat. Genau so, wie wenn der Regen den Staub dazu bringt, sich zu setzen, fühlst du dich genährt, schöpferisch und voller Potenzial. Der Frosch ist heute in deinen Karten aufgetaucht, weil heute der Tag ist, an dem du aufhörst, dich selbst zu bemitleiden. Heute ist der Tag, an dem du deine Gefühle respektierst, indem du dir Zeit nimmst, um dein altes, betrübtes Selbst zu trauern. Aber heute ist auch der Tag, an dem du deine Seele von Zweifeln und Einschränkungen reinigst, damit du aufblühen und als die tüchtige Person in Erscheinung treten kannst, von der du weißt, dass du sie du eigentlich bist.

Fuchs

Ich bin stolz darauf, ich zu sein

Früher hatte ich zwei Füchse als Haustiere – ein Männchen und ein Weibchen. Das Männchen (wir nannten ihn Reineke) wurde mir geschenkt, als es noch ein winziges Junges war (Rosie, unsere kleine Tochter, hatte ihn immer bei sich, er sah so niedlich aus, wie sie ihn in ein Handtuch gewickelt herumtrug), während die Füchsin (ihr Name war Mondlicht) als ausgewachsenes Tier zu uns kam. Man fand sie mit ihrem roten Kragen in einer mondbeschienenen Nacht, als sie an einem Komposthaufen herumschnüffelte. Sie war offenbar genau wie unser Junges (oder Jungfuchs, wie kleine Füchse genannt werden) von Hand aufgezogen worden, aber war wohl entweder entwischt oder absichtlich freigelassen worden. Da sie nicht wusste, wie sie für sich selbst sorgen sollte, hatte sie es sich – zu ihrem Glück – angewöhnt, im Garten eines tierlieben Freundes von mir nach Nahrung zu suchen. Ich liebte diese Füchse, und sie hatten ein schönes Leben bei uns. Ich lernte sehr viel von ihnen – das Wichtigste davon war der Stolz auf sich selbst. Füchse LIEBEN ihre Schwänze. Und das sollten sie auch, denn sie sind wunderschön. Ich beobachtete meine Füchse immer, wie sie sich ihren Schwanz ableckten und ihn pflegten. Genau wie Katzen legten sie ihren Schwanz sorgfältig um ihre Pfoten, wenn sie dasaßen und mich trotzig anschauten. In der Wildnis bleiben Füchse für sich. Sie halten sich im Schatten versteckt, und einige Leute sagen, dass sie sich nur zeigen, wenn sie auch gesehen werden wollen. Es ist nicht ungewöhnlich, wenn eine ganze Wagenladung Leute an einem Fuchs vorbeifährt, der gut sichtbar am Straßenrand steht, aber nur ein Insasse oder vielleicht zwei ihn tatsächlich erblicken. Es heißt, dass der Fuchs es sich aussucht, wen er für würdig hält, ihn zu sehen, und den Rest aussortiert!

Wenn sich heute der Fuchs in deine Karten geschlichen hat, dann wird dir damit gesagt: »Es ist Zeit, aus dem Schatten zu treten und dich sehen zu lassen.« Als Tier, das uns ermutigt, in voller Größe dazustehen und stolz darauf zu sein, wer und was wir sind, verbringt der Fuchs sein Leben dennoch im Schatten. Er ist ein Tier der Nacht, ein Geschöpf der Geheimnisse und der Weisheit. Das Zwielicht ist seine Zeit; die Zeit zwischen dem späten Nachmittag und dem Abend, wenn es zu spät ist, um noch wirklich Tag genannt zu werden, aber noch zu früh, um es als Nacht zu bezeichnen. Es sind die »Schattenlande«, die Welt zwischen Tag und Nacht. Und wenn meine Vermutungen stimmen – dann ist das auch deine Lieblingszeit, eine Zeit, die dich beschützt, dich verbirgt und dir erlaubt, ungesehen in die Welt hinauszublicken. Der Fuchs ermutigt jene, die zu schüchtern sind, um ihr wahres Selbst zu zeigen, diejenigen unter uns, die zu ängstlich oder zu verlegen sind, um ihre Meinung zu sagen, Kontakte zu knüpfen oder Neues auszuprobieren. Hast du Angst davor, die Aufmerksamkeit auf dich zu lenken? Sehnst du dich danach, wie alle anderen zu sein, aber es fehlt dir das Zutrauen, um bei den anderen Kindern mitzumachen? Nun, der Fuchs ist in deinen Karten aufgetaucht, um dir zu helfen, »aus der Deckung« zu kommen und dich der Welt um dich herum vorzustellen. Er will, dass du deine Meinung kundtust, dein Potenzial zeigst und dein Wissen und deine Erfahrung mit anderen teilst. Er will, dass du aus dem Schatten trittst, deine Unsicherheit überwindest und der Welt sagst: »Hier bin ich, also komm damit klar.« Der Fuchs ist heute erschienen, um dir das Selbstvertrauen und die innere Stärke zu schenken, dich nach »da draußen« zu begeben, egal, wie klein deine ersten Schritte auch sein mögen. Der Fuchs ermutigt dich, an dich zu glauben und daran, dass du jede Situation meistern und jede Grenze überwinden kannst. Er erinnert dich daran, dass du genauso wichtig, wertvoll und tüchtig bist wie jeder andere. Also beherzige die Botschaft des Fuchses, und sage laut: »Ich bin stolz darauf, ich zu sein.«

Hai

Ich halte die Regeln ein, wenn ich mich sicher fühle

Stell dir vor, du sitzt auf einem Surfbrett, deine Beine baumeln im Wasser und es schaukelt sanft auf den Wellen, während sie dich langsam zum Ufer tragen. Du schaust dich um und bewunderst den kristallblauen Himmel, fühlst die sanfte Brise ... und siehst eine Haiflosse auf dich zukommen. Wie fühlst du dich? Entsetzt? Erschrocken? Erwischt? Nun, so würde ich mich jedenfalls fühlen. Ich würde denken: »Das ist das Revier des Hais. Ich sollte eigentlich nicht hier sein.« Jetzt stell dir vor, dass du in einem Auto sitzt, das auf der Autobahn entlangrast. Du weißt, dass du zu schnell fährst, aber du rast trotzdem weiter, bis du das Blinklicht eines Polizeiautos siehst, das auf dich zukommt. Für mich sind diese beiden Szenen sehr ähnlich. Beide vermitteln das Gefühl, erwischt worden zu sein, dafür angegriffen zu werden, dass man etwas verkehrt gemacht hat. Für mich ist der Hai das Totem von Menschen wie Polizisten – Menschen, die wir als Beschützer und Gesetzeshüter respektieren, aber vor denen wir gleichzeitig auch ein bisschen Angst haben. Wir finden es gut zu wissen, dass sie da sind, aber wir wollen ihnen auch nicht zufällig begegnen. Und der Hai beschwört eine ähnliche Reaktion herauf. Wir wissen, dass Haie da sind, denken uns aber, solange wir sie in Ruhe lassen, lassen sie uns in Ruhe.

Wenn der Hai heute in deine Karten gepflügt ist, ist das ein Zeichen dafür, dass du, obwohl du Grenzen brauchst und auch haben willst, Schwierigkeiten hast, sie einzuhalten. Grenzen, Regeln und Vorschriften sind wichtig. Sie sorgen für unsere Sicherheit. Sie sorgen dafür, dass alles in Ordnung bleibt, damit wir wissen, was wir wann zu erwarten haben. Wenn der Hai in deinen Karten aufgetaucht ist, solltest du überlegen, ob du vielleicht die Regeln ignorierst und deine Grenzen überschreitest. Dann musst du dich selbst fragen: »Warum?« Warum hast du im Moment das Bedürfnis, dich respektlos in fremde Gewässer zu wagen? Du weißt, dass die Regeln dazu da sind, dich zu schützen, nicht, um dir das Leben zur Hölle zu machen. Warum ist es dann so, dass andere mit Regeln und Grenzen zurechtkommen, du aber nicht? Versuchst du, auf etwas hinzuweisen oder die Aufmerksamkeit zu erregen? Ist es, weil du glaubst, dass du keinen Einfluss darauf hattest, wie die Regeln auszusehen hatten oder wie sie dich persönlich betreffen würden? Oder ist es, weil du dich nicht sicher fühlst, obwohl Regeln und Grenzen dich doch schützen sollen? Ziehst du immer negative Aufmerksamkeit auf dich, selbst wenn du nicht absichtlich etwas verkehrt machst? Der Hai geht davon aus, dass wir die Regeln einhalten, wenn wir uns sicher fühlen ... aber was, wenn nicht? Was, wenn wir uns überfordert und unfair behandelt fühlen? Was, wenn wir immer wieder Probleme auf uns ziehen, selbst wenn wir die Regeln gar nicht absichtlich gebrochen haben? Was, wenn wir einfach Schwierigkeiten haben, den Kopf über Wasser zu halten? Wende dich an einen Verantwortlichen, und erkläre ihm deinen Fall. Lass ihn dir die Regeln verdeutlichen, und wenn diese Regeln dann noch immer nicht funktionieren, erkläre respektvoll warum, und schau, ob du irgendwie Unterstützung erhalten kannst. Und als letzte Option schau, ob die Regeln realitätsnah verändert und sinnvoller gemacht werden können.

Hund

Ich bin ein guter Freund

Ich bin mir sicher, dass du schon mal den Spruch gehört hast: »Der Hund ist der beste Freund des Menschen.« Nun, das stimmt. Der Hund wurde etwa 150.000 Jahre v. Chr. vom Menschen domestiziert, und seitdem sind beide durch ein untrennbares Band miteinander verbunden. Hunde sind treu und wahrhaftig, sie schenken ihren Menschen bedingungslose Liebe, Kameradschaft und Schutz. Wenn du im Moment keinen Hund hast, bin ich mir sicher, dass du entweder früher einen hattest oder jemanden kennst, der einen hat. Und ich bin mir auch sicher, dass du weißt, wie viel Freude es machen kann, einen Hund zu haben. Sie sind immer für uns da, bereit zu rennen, zu apportieren, zu raufen und zu jagen, wann immer wir es gerne möchten. Sie sind immer hocherfreut, uns zu sehen, und traurig, wenn wir gehen müssen. Sie lieben es, geknuddelt und gestreichelt zu werden, und sind immer bereit zuzuhören, wenn niemand sonst dazu bereit ist. Ein Hund ist definitiv der beste Freund, den man sich überhaupt wünschen kann. Und als solcher zeigt uns der Hund, wie wir selbst ein guter Freund sein können. Er lehrt uns, treu und wahrhaftig zu sein. Er lehrt uns, unseren Freunden beizustehen und sie so anzunehmen, wie sie sind – ohne Fragen zu stellen.

Wenn der Hund heute in deine Karten getapst ist, dann wirst du daran erinnert, wie wichtig wahre Freundschaft ist. Vielleicht ist dir etwas im Vertrauen gesagt worden, oder du weißt etwas sehr Wichtiges über deinen Freund. Vielleicht braucht ein Freund dich gerade mehr als jemals zuvor, oder vielleicht wird deine Freundschaft gerade auf die Probe gestellt. Was immer der Grund ist, der Hund erinnert uns daran, niemals Urteile zu fällen, andere für selbstverständlich zu halten oder das, was unsere wahren Freunde sagen, zu persönlich zu nehmen. Hast du schon einmal den Spruch gehört »Wir verletzen immer die, die wir am meisten lieben«? Nun, vielleicht macht dein Freund gerade eine schwierige Zeit durch, und statt fröhlich zu sein wie immer, fühlt er sich traurig, ängstlich oder einsam ... und die einzige Art, wie er diese Gefühle ausdrücken kann, ist, sie an dir auszulassen. Hab Geduld. Sei ein guter Freund, und warte, bis er bereit ist, sich mitzuteilen. Denn das wird er; du bist schließlich sein Freund. Aber außer der Tatsache, dass der Hund ein guter Freund ist, erinnert er uns auch daran, uns selbst der beste Freund zu sein. Er erinnert uns daran, uns selbst treu zu sein und niemals für irgendjemanden unsere Moralvorstellungen oder Überzeugungen infrage zu stellen. Wenn du dich unsicher fühlst, dann schuldest du es dir selbst, dein eigener bester Freund zu sein und etwas daran zu ändern, vielleicht indem du dir alles von der Seele redest oder das, was dich bedrückt, auf eine andere Weise ausdrückst. Denke daran, du kannst Treue von anderen nur erwarten, wenn du zeigst, dass du selbst 100-prozentig treu bist – den anderen und dir selbst gegenüber.

Kaninchen

Ich brauche keine Angst zu haben

Kaninchen sind ziemlich nervöse Tiere, sie halten immer Ausschau nach Gefahr. Kaninchenohren zucken immer hierhin und dorthin, lauschen auf jedes Geräusch, und die kleine Nase schnüffelt ständig in der Luft herum. Und wenn Gefahr droht, braucht es nur ein paar schnelle »Klopfer« auf den Boden mit dem Hinterfuß des Wachpostens, und der gesamte Kaninchenbau flitzt in Deckung. Kaninchen sind von Natur aus sehr schnell, ihr Körper ist schlank und muskulös und ihre Hinterbeine stämmig, so dass sie sich mit großer Kraft und Wendigkeit fortbewegen können. Wenn ein Kaninchen nicht bewusst nach ungewöhnlichen Geräuschen lauscht, liegen seine Ohren flach auf dem Rücken, damit sie es nicht langsamer machen, wenn es in Deckung saust. Kaninchen vermehren sich außerdem sehr schnell – oft bekommen sie vier bis fünf Mal im Jahr bis zu sieben Junge. Das müssen sie auch, weil sie die Lieblingsbeute vieler Raubtiere sind, darunter Füchse, Adler, Falken, Katzen und Dingos. Sie werden von so vielen fleischfressenden Tieren gejagt (auch vom Menschen), dass ihre Zahl, wenn sie sich nicht schnell vermehren würden, stark abnehmen würde. Für den Beobachter scheinen Kaninchen in ständiger Angst zu leben – Angst davor, ausgelöscht zu werden. Aber wenn du sie dir genauer anschaust, dann wirst du sehen, dass Kaninchen ihre Angst in Produktivität umwandeln und sie nutzen, um ihr Leben zu bereichern. Deshalb vermehren sie sich so gut, und daher scheint es so viele von ihnen zu geben, trotz Raubtieren und harten Lebensbedingungen. Statt ihrer Angst nachzugeben, arbeiten sie mit ihr. Kaninchen kanalisieren Angst wirkungsvoll, so dass sie ihnen nützt und einen möglichen Mangel in Fruchtbarkeit und Fülle verwandelt.

Wenn das Kaninchen heute in deine Karten gehoppelt ist, dann wirst du daran erinnert, die Art und Weise zu ändern, wie du das Leben betrachtest. Statt dir zum Beispiel Sorgen zu machen und nervös zu sein oder dich von kleinen Dingen belasten zu lassen, die außerhalb deiner Kontrolle liegen, sei wie das Kaninchen und lass jede Situation für dich arbeiten. Das Kaninchen erinnert uns daran, dass es nichts gibt, worüber wir uns Sorgen machen müssen – außer die Sorgen selbst. Wenn du zum Beispiel schikaniert, beeinflusst, benutzt oder gegen deinen Willen kontrolliert wirst, hab keine Angst. Renn nicht weg, und versteck dich nicht. Sieh es als Chance, um dich auszudrücken. Nimm kein Blatt vor den Mund, und fordere Respekt ein, indem du bei jemand anderem Unterstützung suchst. Geh direkt zu jemandem hin, dem du vertraust, unterhalte dich mit ihm über das, was gerade geschieht, und bitte ihn um Hilfe, um den Grund herauszufinden. Räche dich nicht für die Schikanen, und ergib dich ihr nicht, indem du zulässt, dass sie weitergeht. Ansonsten musst du mit ansehen, wie du deine Macht nur noch mehr verlierst. Handele lieber konstruktiv, und lass die Situation für dich arbeiten. Wir bekommen Angst, wenn unser Sicherheitsgefühl bedroht wird. Das Kaninchen sagt: »Du brauchst keine Angst zu haben«, weil du die Macht hast, sie von Anfang an zu stoppen. Und indem du sagst: »Es reicht«, heißt du sofort wieder Fülle, Freiheit und Sicherheit in deinem Leben willkommen.

Katze

Ich lerne aus meinen Fehlern

Es scheint so, als würden Katzen niemals Fehler machen. Nun, zumindest hätten sie wohl gerne, dass wir das glauben! Sie scheinen so selbstbewusst, ungezwungen und selbstsicher zu sein, nicht wahr?

Die Katze ist anmutig und stolz, streckt ihren Schwanz als Zeichen ihrer Selbstherrlichkeit hoch in die Luft. Eine Katze zu sehen, wie sie sich auf dem Kaminsims geschmeidig ihren Weg durch zartes Porzellan und Glas bahnt, hat etwas Wundersames, besonders wenn sie das andere Ende erreicht hat, ohne dass etwas zu Bruch gegangen ist ... oder noch schlimmer, dass sie den Halt verloren hat und abgestürzt ist. Aber selbst, wenn sie doch hinunterfällt (würdevoll, natürlich), landet die Katze stilvoll auf allen vier Pfoten und überfliegt den Raum lässig mit einem »Das-war-so-von-mir-beabsichtigt-Blick«, bevor sie sich auf dem Teppich ausstreckt und vorgibt, sich schlafen zu legen. Für den Beobachter ist die Katze entspannt und zuversichtlich, dass ihr »Missgeschick« von allen für beabsichtigt gehalten wurde. Wenn wir allerdings ihre Gedanken hören könnten, dann würde die Katze ihr Ungeschick verfluchen und leise schwören: »Das mache ich nie wieder!« Natürlich wird die Katze wohl irgendwann wieder auf dem Kaminsims entlang spazieren, aber sie wird nie wieder so nah an die Kante kommen, dass sie abstürzt – zumindest nicht, wenn Menschen ihr dabei zusehen!

Wenn die Katze sich heute in deine Karten geschlichen hat, wird dir damit gesagt, dass du dir dein Verhalten in den letzten Tagen einmal anschauen und dich fragen solltest, ob du irgendetwas Wertvolles daraus gelernt hast. Was von dem, was du getan hast, würdest du nicht noch mal tun - und warum? Was würdest du wieder tun? Die Katze erinnert uns daran, dass wir, wenn wir zu selbstbewussten, aufgeschlossenen Erwachsenen werden wollen, als Kinder Fehler machen müssen. Es ist nichts Falsches daran, Fehler zu machen. Fehler zu machen ist in Ordnung, solange du sie nur einmal machst und etwas aus ihnen lernst. Wenn du niemals Fehler machst, dann kannst du auch nichts aus ihnen lernen, oder? Weisheit entsteht durch Erfahrung, und Erfahrung entsteht daraus, aus Fehlern zu lernen. Das Problem mit Fehlern ist allerdings, dass es eigentlich gar keine gibt. Immer, wenn wir einen »Fehler« machen oder uns ein »Missgeschick« passiert, denken wir gewöhnlich sofort: »Ich wusste, dass das passieren würde.« Warum? Weil wir uns damit einverstanden erklären, es zu erleben, noch bevor wir es tun. Wir wissen intuitiv, dass wir die Lektion lernen müssen, um zu einem besseren Menschen zu werden, daher erklären wir uns einverstanden, sie zu erleben. Und es funktioniert immer. Na ja, fast immer. Der Schlüssel liegt darin, sich an die Lektion zu erinnern, damit du denselben Fehler nicht noch einmal machen musst. Und wenn du die Kunst gemeistert hast, aus deinen Fehlern zu lernen, dann kannst du erwarten, zu einem selbstbewussten, kreativen, mutigen Menschen zu werden, der nie Angst davor hat, etwas Neues auszuprobieren.

Känguru

Ich sage immer danke

Als Mitglied der Gruppe der Beuteltiere bewegen sich Kängurus auf kräftigen Hinterbeinen fort und benutzen ihren langen, dicken Schwanz, um beim Springen ihren Körper im Gleichgewicht zu halten. Einige Kängurus können über drei Meter hohe Hindernisse springen. Sie versammeln sich in Familiengruppen, rasten während der Hitze des Tages im Schatten und fressen bis tief in die Nacht hinein, wenn es kühler ist. Sie ernähren sich hauptsächlich von Gras und brauchen nur sehr wenig Wasser. Kängurus waren einst so zahlreich, dass sie die Grundnahrung der frühen australischen Ureinwohner waren. Das Känguru gab den Menschen nicht nur sein reichhaltiges Fleisch, sondern auch sein warmes Fell und seine starken Knochen, die man schärfte und zu nützlichen Schneid- und Grabwerkzeugen machte. Wohlstand war für die Menschen gleichbedeutend mit gesunden Kindern, einem vollen Magen und einem warmen, trockenen Schlafplatz. Sie glaubten, dass Mutter Erde ihnen alles geben würde, was sie brauchten, und sie wussten, dass ihr Leben, wenn sie in Harmonie mit dem Land lebten, sicher, gesund und unerschöpflich sein würde. Solange das Känguru da war, wussten die Menschen, dass sie niemals hungern oder leiden würden. Seine bloße Existenz sicherte ihnen ihr Überleben. Dafür waren die Menschen sehr dankbar, und sie drückten jeden Tag ihre Dankbarkeit aus und vollführten heilige Tänze und Zeremonien, um sich erkenntlich zu zeigen.

Wenn das Känguru heute in deine Karten gehüpft ist, dann wirst du gerade auf eine Zeit vorbereitet, in der du viel erhalten wirst. Nicht unbedingt heute oder morgen, aber dir wird gesagt, dass du dazu bestimmt bist, für deine harte Arbeit belohnt zu werden. Vielleicht wirst du wundervolle Neuigkeiten erhalten, irgendeinen Preis oder eine Anerkennung deiner Bemühungen. Es wird kommen, und in welcher Form auch immer, sei darauf vorbereitet, es zu empfangen. Aber das Känguru ist auch hier, um dir zu sagen, dass es zwei Wege gibt, um zu empfangen: den bescheidenen, dankbaren Weg und den arroganten, undankbaren Weg. Nun, das Känguru hätte sich heute sicher nicht in deine Karten geschwungen, wenn du nicht Dankbarkeit zeigen würdest, denn es weiß, dass du immer danke sagst, wenn du etwas erhältst. Aber es ist gekommen, damit du, wann immer du ab jetzt etwas empfängst, es stets mit Bescheidenheit und Dankbarkeit entgegennimmst und niemals selbstgefällig wirst oder anfängst, immer Anerkennung zu erwarten. Ob eine Million Euro oder eine einzelne gepflückte Blume aus dem Garten, denke stets daran, danke für das Geschenk zu sagen, denn wie die Ureinwohner Australiens wussten: Sobald du in deiner Wertschätzung nachlässt, hört die Freigebigkeit ganz schnell auf. Gutes kommt nur zu dir, wenn du seine Quelle wertschätzt. In dem Moment, in dem du Gutes erwartest und vergisst, dankbar dafür zu sein, woher es kommt oder warum du es erhalten hast, kannst du darauf wetten, dass es nicht mehr kommt. Es wird aufhören, und du wirst nichts mehr erhalten. Bleibe also so, wie du jetzt bist, und egal, wie beliebt du wirst oder wie gut du in dem wirst, was du gerne tust, sage immer danke, egal, wie klein der Lohn auch sein mag.

Koala

Ich höre auf meine Gefühle

Wusstest du, dass Koalas bis zu 18 Stunden am Tag schlafen? Manchmal hört man aber auch, dass sie eigentlich gar nicht richtig schlafen, sondern nur »weggetreten« sind, ruhiggestellt von der besänftigenden Wirkung der Eukalyptusblätter, die sie fressen. Es heißt, dass sie, wenn sie gerade in diesem »weggetretenen« Zustand sind, in anderen Reichen der Existenz unterwegs sind – in anderen Welten und Landschaften tief in ihrem Inneren. Und es heißt auch, dass wir, wenn wir dem Koala zuhören würden, ihm in diese anderen Welten folgen könnten und all das Wissen erlangen könnten, das dort wartet – einfach, indem wir auf unsere Gefühle hören. Der Koala sucht sich eine bequeme Astgabel in seinem Lieblingsbaum. Er vergewissert sich, dass er sicher ist, atmet tief durch, gestattet es sich, sich zu entspannen, und tritt mühelos weg. In diesem Zustand taucht der Koala in seine Gefühlswelt ein und hört seinen Gefühlen ehrfurchtsvoll zu. Es ist wohl so, dass wir die Antworten auf alle unsere Fragen selbst wissen, da die Weisheit, die wir suchen, tief in unserem Herzen liegt. Und mit dem Koala als deinem Führer wird es einfacher sein, als du vielleicht denkst, diese Antworten zu finden.

Wenn heute der Koala in deine Karten hineingeschlummert ist, dann bedeutet das, dass du dich auf die Suche nach dem Wissen begeben sollst, das in deinem Herzen wohnt. Denn in deinem Bewusstsein liegen die Antworten auf alle deine Fragen. Dafür musst du lernen, auf deine Gefühle zu hören und deiner Intuition zu vertrauen. Der Koala ist ein mächtiger Lehrer, aber wenn du deine Gefühle nicht beherzigst und deiner Intuition nicht vertraust, dann wirst du die Tiefe seiner Weisheit nie gänzlich verstehen. Der Koala bittet dich, wenn du das nächste Mal vor einem Problem stehst und dich fragst, wie du es überwinden sollst, einfach die Augen zu schließen, tief durchzuatmen und dich zu entspannen. Erlaube dem Koala, dich tief in dein Herz hineinzuführen, in deine »innere Landschaft« - ein sicherer Ort, der aussehen kann wie ein Wald, ein Strand oder irgendein anderer »glücklicher Ort«. Statt herumzurasen wie ein aufgescheuchtes Huhn und jeden zu fragen, was du tun sollst, bitte einfach den Koala, dich tief in dein Inneres zu führen, und sobald du dort angekommen bist, frage dich, wie dein GEFÜHL bei dem vorliegenden Problem ist und was dein GEFÜHL dir zu tun rät, um es zu lösen. Während du an diesem Ort bist, kannst du keinen Fehler machen. Dieser sichere Ort wird durch Liebe geschützt, und während du dort bist, steht es dir frei zu träumen, zu staunen und deine Gefühle zu erkunden. Statt also immer bei anderen Unterstützung und Rat zu suchen, übernimm Verantwortung für dein eigenes Leben, deinen eigenen Weg und dein eigenes Schicksal, indem du deinem innersten Herzen zuhörst. Statt darauf zu hören, was andere tun oder nicht tun würden, beginne auf deine Gefühle zu hören und lass sie dir helfen zu entscheiden, was richtig und falsch für dich ist und was du ab jetzt tun solltest. Solange daraus kein Schaden für dich oder jemand anderen entsteht, wie kannst du da etwas falsch machen?

Kuh

Ich kann mit Mama sprechen

Kühe werden dafür geliebt, dass sie Milch geben. Wir alle haben uns schon einmal ein Glas kalte Milch schmecken lassen (besonders lecker mit einem Chocolate-Chip-Keks!), nachdem wir aus der Schule gekommen sind, oder frische Milch mit Müsli zum Frühstück. In einigen Kulturen wird Milch als lebensspendend gepriesen, als Nektar des Lebens. In der Religion der Hindus ist die Kuh heilig, weil sie den Menschen Milch, Nahrung und Gesundheit schenkt. Sie ist ein großzügiges Tier und steht symbolisch für die Mutter Erde. Jedes Mal also, wenn du deine Mutter eine »Kuh« nennst, sei dir darüber im Klaren, dass du ihr damit das beste Kompliment machst, das eine Mutter sich erhoffen kann! Wenn die Kuh in deine Karten getrottet ist, dann wirst du damit an deine heilige Beziehung zu deiner Mutter erinnert. Selbst wenn du deine Mutter nicht besonders oft siehst, wenn sie zum Großen Geist hinübergegangen ist oder du keine Ahnung hast, wo sie ist – du und deine Mutter, ihr seid in einer Weise miteinander verbunden, die unerklärlich ist. Du bist immer in ihrem Herzen, und sie wird immer in deinem sein. Egal, wie wütend sie dich macht oder wie verletzt du dich durch ihr Handeln fühlst, dein Herz und das Herz deiner Mutter werden immer wie eins schlagen.

Wenn du keine Mutter hast oder aus irgendeinem Grund nicht mit ihr sprechen kannst, dann ermutigt die Kuh dich, eine andere »mütterliche« Frau ausfindig zu machen, eine, die du kennst und der du vertraust (eine Tante vielleicht oder eine

Nachbarin), und sie mit deinen Fragen zu beehren. Auch später, wenn du erwachsen bist und selbst Kinder hast, wirst du manchmal noch mit deiner Mutter sprechen müssen - besonders, wenn du traurig oder durcheinander bist. Wenn die Kuh deine Karten besucht, dann wirst du sanft angestupst, mit deiner Mutter (oder Ersatzmutter) zu sprechen und sie um ihren Rat in einer Sache zu fragen, die dir Sorgen macht oder dich bedrückt. Die Karte der Kuh schenkt dir eine sanfte Umarmung, einen warmherzigen Kuss und ein tröstendes Streicheln über den Rücken. Sie verkörpert die Mutter und die Liebe und Zuneigung, die nur eine Mutter schenken kann.

Lachs

Ich verwirkliche

Am Gelben Fluss in Hunan, China, gibt es einen Wasserfall namens »Drachentor«. Es heißt, dass die im Fluss lebenden Karpfen, wenn sie erfolgreich den Wasserfall erklommen haben, auf magische Weise zu Drachen werden, als Anerkennung für ihren Einsatz und ihre Mühe. Die Geschichte ist so berühmt, dass es in China sogar ein Sprichwort gibt, das Schüler, die vor ihren Abschlussprüfungen stehen, mit Karpfen vergleicht, die stromaufwärts schwimmen und das »Drachentor« überspringen. Der Lachs gehört zwar einer anderen Art an und lebt in anderen Gebieten, aber auch er ist für seine Angewohnheit bekannt, stromaufwärts zu schwimmen und Wasserfälle zu erklimmen, um sein Ziel zu erreichen. Und ebenso wird auch der Lachs mit der Erlangung von Wissen in Verbindung gebracht. In der keltischen Mythologie erzählt eine Geschichte von Cerridwen, einer mächtigen Zauberin, die zwei Kinder hatte: eine schöne Tochter namens Creirwy und einen hässlichen Sohn namens Morfran. Weil er so hässlich war, wusste Cerridwen, dass ihr Sohn niemals eine Frau finden würde, weshalb sie beschloss, ihm zu helfen, indem sie ihm einen magischen Trank in ihrem Kessel der Inspiration bereitete, einen Zauber, der ihn »allwissend« machen würde. Der machtvolle Zaubertrank musste ein Jahr und einen Tag lang kochen, daher stellte sie einen blinden Mann namens Morda ein, um das Feuer in Gang zu halten, und einen Jungen namens Gwion Bach, um den Trank täglich umzurühren. Schließlich war das Gebräu fertig, aber als

Gwion den Kessel zum letzten Mal umrührte, spritzten drei Tropfen heraus und landeten auf seinem Daumen. Ohne nachzudenken, steckte der Junge sich den Daumen in den Mund, um den Schmerz zu lindern, was zur Folge hatte, dass die Weisheit, die eigentlich für Morfran bestimmt war, stattdessen auf ihn überging. Um sein Leben fürchtend floh Gwion Bach und verwandelte sich dank seines neu gefundenen magischen Wissens in einen Lachs, bevor er in einen Fluss sprang. Als er größer wurde, erinnerte er sich an alles Wissen der Welt, und gerüstet mit dieser Weisheit wurde er zu Merlin, einem großen Poeten, Magier und Königsberater.

Wenn der magische Lachs in deine Karten geschwommen ist, wirst du daran erinnert, dass alles aus einem bestimmten Grund geschieht, dass es so etwas wie Unglück nicht gibt und dass nichts zufällig passiert. Wenn der Lachs in deine Karten geschwommen ist, wirst du an deine Fähigkeit erinnert, Dinge zu verwirklichen, egal, wie schwierig das Leben aussehen mag. Dir wird gesagt, dass du zu Wunderbarem bestimmt bist, solange du zupackst, hart arbeitest und dich für eine bessere Zukunft für dich einsetzt. Der Lachs bittet dich außerdem, dir deine Vergangenheit anzusehen, aus deinen Erfahrungen zu lernen und in ihnen nach Inspirationen für eine strahlende, erfüllende und einträgliche Zukunft zu suchen. Der Lachs sagt, dass du bereits alles weißt, was du wissen musst, um ein produktives Leben zu führen, und gerüstet mit diesem Wissen (und mit einem bisschen Einsatz) wirst du verwirklichen, wonach du strebst. Der Lachs beruhigt uns, wenn wir von Selbstzweifeln, geringer Selbstachtung oder Melancholie geplagt werden. Er hält unsere Zukunft in Schach; selbst wenn wir es also schon aufgegeben haben, jemals unsere Ziele zu erreichen oder unsere Träume zu verwirklichen – der Lachs wird das niemals tun. Er verspricht dir, dass sich, wenn du dich als würdig erachtest, mehr zu erreichen, Gelegenheiten ergeben werden, durch die du es erreichen wirst. Wenn du weißt, dass du zu mehr bestimmt bist, dann wirst du es auch verwirklichen – mit der Hilfe des Lachses ist Erfolg unvermeidlich.

Libelle

Ich kann so tun als ob

Auf den ersten Blick könnte man sie auch leicht für Feen halten: Libellen, die über Seen, Teiche, Flüsse und Swimmingpools huschen, zwischen Rohrkolben hin- und herschießen und sich kurz auf Wasserlilien und Lotusblüten niederlassen. Beim Anblick ihres schlanken Körpers, ihres neugierigen Gesichtes und der hauchdünnen Flügel kann man sich leicht vorstellen, warum die Menschen in der Vergangenheit bereitwillig an die Existenz von Feen glaubten. Es sind wahrhaft magische Geschöpfe. Es fällt nicht schwer, sich vorzustellen, wie eine Libelle plötzlich mit einem Flattern zu einer Fee wird und sich genauso schnell wieder zurückverwandelt – oder wie sie zu einem kleinen, menschenähnlichen Wesen mit Flügeln wird, bevor sie zwischen den Gartenblumen verschwindet. Es gibt Geschichten über Feen-Zauber – eine Fähigkeit, die alle Feen angeblich haben und die es ihnen ermöglicht, absichtlich ihre Gestalt zu verändern, und die wohl widerspiegelt, wie wir uns ihr Aussehen vorstellen. Einige Leute sagen, dass es keine Feen gibt, dass sie nur Einbildung oder Fantasiegeschöpfe sind, die man sich nur ausdenkt, um Kinder damit zu erfreuen. Und wenn schon? Was würde das ausmachen? Es macht einfach Spaß, so zu tun als ob. Es macht Spaß, sich eine Welt vorzustellen, in der es Magie und Feen wirklich gibt. Denk nur einmal an die Möglichkeiten. Stell dir eine Welt vor, in der alles möglich ist, eine Welt, in der magische Geschöpfe wie Einhörner, Drachen, Meerjungfrauen und Feen so normal sind wie Hunde und

Katzen und in der »echte« Magie so natürlich ist wie das Atmen. Außerdem gibt es Feen wirklich ... Ich habe selbst eine oder zwei gesehen. Und auch Rosie, meine kleine Tochter.

Wenn die Libelle heute in deine Karten geflattert ist, kannst du erwarten, dass wunderbare Dinge geschehen werden. Sie bittet dich, dich an deine natürliche Fähigkeit zu erinnern, so zu tun als ob, etwas vorzuspiegeln und sich etwas vorzustellen, weil, sobald du das tust, sich dir eine ganz neue Welt eröffnen wird. Die größten Schriftsteller der Welt - die mit den vielen Buchtiteln - und die berühmtesten Filmemacher haben eines gemeinsam - ihre Fähigkeit, so zu tun als ob. Sie alle haben eine erstaunliche Vorstellungskraft und haben keine Angst davor, uns »etwas vorzuspiegeln«, um ihre Geschichten in Szene zu setzen. Mit nichts weiter als ihrer Vorstellungskraft »täuschen« diese Leute Fantasiewelten voller Helden und Schufte vor, Welten, in denen Außerirdische und Menschen sich begegnen und Geschöpfe des Feenreiches deinen Weg genauso kreuzen können wie jeder andere. Wenn die Libelle in deine Karten gehuscht ist, ist die Botschaft ganz klar - öffne deinen kreativen Geist der »Welt des Vorspiegelns«. Wage es, so zu tun als ob. Lass deiner Fantasie freien Lauf. Mach dich frei, und lass dein inneres Wissen und die Leidenschaft deines inneren Kindes in Aktivitäten wie Schauspielerei, Tanzen und Aufführungen zum Ausdruck kommen. Nimm dir einen Stift oder öffne deinen Laptop - und fang an zu schreiben. Kauf dir ein Malerei-Set oder ein Paket hochwertige Zeichenstifte, und lass deine Fantasie lebendig werden. Beschränke deine Weltsicht nicht auf das, was auf der physikalischen Ebene als real gilt. Weiche deinem Wunsch nicht aus, das Feenreich zu erkunden oder zu glauben, dass Drachen und Einhörner existieren. Wer weiß, deine Vorstellungskraft oder deine Fähigkeit, so zu tun als ob, könnte eines Tages die Welt verändern. Es heißt, dass jedes einzelne menschengemachte Ding in unserer modernen Welt zuerst einmal eine Fantasie von irgendjemandem war. Das ergibt Sinn, oder? Was wäre zum Beispiel, wenn der frühe Mensch sich in seiner Fantasie nicht das Rad vorgestellt hätte? Nur so ein Gedanke ...

Löwe

Ich kann das selbst

Löwen haben für gewöhnlich ein gelbbraunes Fell und einen weißen Bauch, und ihre Ohren tragen hinten ein schwarzes Zeichen. Sie sind bestens bekannt für ihre zottige Mähne aus gold-schwarzem Fell. Bei Konfrontationen mit anderen Löwen sieht der Löwe durch seine Mähne größer aus, als er eigentlich ist. Manche Leute ziehen eine Verbindung zwischen der goldenen Mähne des Löwen und der aufgehenden Sonne, einem Symbol für einen kraftvollen Neuanfang. Man sagt, wenn der Löwe stolz seine Mähne schüttelt, dann bieten sich denjenigen goldene Chancen, die bereit sind, sie zu nutzen. Der Löwe ist ein wirklich majestätisches Geschöpf, so stark und tapfer. Bei seinem kräftigen Körper, seinen scharfen Zähnen, seiner goldenen Mähne und seinem grimmigen Gebrüll würde wohl jeder weiche Knie bekommen. Er ist ein wahrhaft königliches Tier – so sehr, dass es kein Wunder ist, dass wir den Löwen den »König der Tiere« nennen. Die anderen Tiere bewundern ihn für seinen mächtigen Geist. Sie behandeln ihn mit Respekt. Sie wissen, dass der Löwe, wenn er hungrig ist, so gut wie jedes Tier töten und fressen kann, das er haben will. Aber wusstest du, dass der Löwe nur selten für sich selbst auf die Jagd geht? Das muss er nicht, weil seine Frau es gerne für ihn übernimmt. Er bleibt im Hintergrund, im Schatten seines Lieblingsbaumes, und beobachtet seine Frau, wie sie ihrer Beute hinterherjagt. Wenn sie ihre Beute dann nach Hause zieht, bekommt er zuerst davon zu fressen. Obwohl er fähig ist, für sich selbst zu sorgen, zieht der Löwe es vor, es andere für ihn erledigen zu lassen. Er neigt ein bisschen zur Faulheit und ist voller Selbstherrlichkeit.

Wenn sich der Löwe heute in deine Karten gebrüllt hat, dann wirst du daran erinnert, dass du nie zu gleichgültig sein darfst, um Verantwortung für dein eigenes Leben zu übernehmen. Der Löwe sagt: »Du kannst das selbst.« Der Löwe erinnert uns daran, dass es, auch wenn es nett sein kann, manchmal andere etwas für einen selbst erledigen zu lassen, wesentlich lohnender ist, es selbst zu tun. Viele von uns lernen am besten aus Erfahrung; wenn du also von anderen erwartest, Dinge für dich zu erledigen, wie sollst du dann jemals lernen, es selbst zu tun? Wie sollst du jemals Freude über deinen Erfolg empfinden, wenn du ständig deine eigene Macht weggibst? Wenn dir das nächste Mal eine Gelegenheit geboten wird oder du vor einer Entscheidung stehst, denke an die Botschaft des Löwen, und statt jemanden um Hilfe zu bitten oder von ihm zu erwarten, dass er für dich handelt, sei mutig und stark und versuche selbst dein Glück. Wer weiß? Vielleicht wirst du besser zurechtkommen als gedacht und zu deiner Überraschung sogar deine Sache sehr gut machen. Die Freude darüber, dass du es gut gemacht hast, wird ganz allein dir gehören, und auch der Stolz, der aus dem Wissen kommt, dass du alles selbst geschafft hast.

Luchs

Ich hüte nur gute Geheimnisse

Als ich klein war, hatte ich ein Geheimnis. Ich wusste, dass es kein gutes Geheimnis war, weil die Person, die mich gebeten hatte, das Geheimnis zu hüten, mich angewiesen hatte, ich solle es niemandem verraten - nicht einmal meiner Mutter. Mit dem Geheimnis fühlte ich mich gar nicht gut. Es machte mich zornig, durcheinander und einsam. Ich hasste das Geheimnis, weil ich mich damit anders als alle anderen fühlte. Ihnen ging es gut, sie kannten das Geheimnis ja nicht. Und weil ich um das Geheimnis wusste, ging es mir selbst gar nicht gut. Sogar ziemlich das Gegenteil. Ich versuchte ein paar Mal, meiner Mutter das Geheimnis zu erzählen, aber weil meine Mutter die Person liebte, die mir gesagt hatte, ich solle es nicht verraten (auch nicht ihr), sagte sie mir immer, ich solle schweigen, wenn ich zu ihr ging, um es ihr zu erzählen. Sie sagte dann immer: »Sag es nicht«, und ich hörte auf zu reden. Was sollte es auch bringen? Sie wollte das Geheimnis nicht wissen. Sie zog es vor, dass ich es für mich behielt. Ich war gezwungen, das Geheimnis zu hüten. Ich fühlte mich schlecht. Ich hasste es, gezwungen zu sein, das Geheimnis zu hüten, weil ich mich dadurch selbst hasste. Der Gedanke, anderen von dem Geheimnis zu erzählen, kam mir nie - erst als ich erwachsen und verheiratet war und selbst Kinder hatte. Erst dann meldete ich mich zum ersten Mal zu Wort und verriet mein dunkles Geheimnis. Ich erzählte es meiner Frau, dann meiner Mutter. Selbst dann noch, nach all den Jahren, sagte sie mir, ich solle ihr das

Geheimnis nicht verraten, aber ich tat es trotzdem. Ich hieß sie, sich vor mich hinzusetzen und sich mein Geheimnis anzuhören. Da sie aber die Person liebte, die mir gesagt hatte, ich solle das Geheimnis hüten, beschloss sie, mir nicht zu glauben - ihrem einzigen Sohn. Aber es war mir egal, weil ich mich nun besser fühlte, nachdem ich es mitgeteilt hatte. Ich war frei. Ich trug keine Scham oder Traurigkeit, Verwirrung oder Verzweiflung mehr mit mir herum. Ich hasste mich nicht mehr und musste nicht mehr vorgeben, glücklich zu sein. Von jenem Tag an habe ich nur noch »gute Geheimnisse« für mich behalten - Geheimnisse, die gute Aussichten, Freude und Lachen versprechen. Geheimnisse, die mich traurig machen oder durcheinanderbringen, sind keine guten Geheimnisse, und solche behalte ich nicht mehr für mich.

Wenn der Luchs heute heimlich in deine Karten geschlichen ist, dann wirst du gefragt, ob du vielleicht ein Geheimnis mit dir herumträgst, das dich traurig macht oder durcheinanderbringt. Hütest du ein eigenes Geheimnis oder vielleicht ein Geheimnis eines Freundes, das eigentlich jemandem mitgeteilt werden müsste, dem du vertraust - einem Lehrer vielleicht oder deiner Mutter, deinem Vater oder beiden? Als Lehrer und Vater habe ich eines festgestellt - wenn Leute sagen: »Bitte sag es niemandem«, dann sagen sie manchmal in Wirklichkeit: »Könntest du es bitte jemandem weitersagen, weil ich selbst nicht den Mut dazu habe?« Sie erzählen dir ihr Geheimnis, weil sie deine Unterstützung brauchen. Sie sagen, dass sie dir vertrauen, und wissen, dass du alles tun wirst, was du für richtig hältst, um sie zu schützen. Sie wissen, dass du sie nicht verurteilen oder veralbern wirst, und das ist ein Zeichen wahrer Freundschaft. Ein Geheimnis anvertraut zu bekommen sollte als große Ehre betrachtet werden. Wenn du daher ein Geheimnis mit dir herumträgst, wäre es keine schlechte Idee, jemanden zu finden, dem du vertraust, und ihm dein Geheimnis anzuvertrauen. Wähle diese Person sorgfältig aus, und wisse, dass du, wenn du sagst: »Bitte sag es niemandem«, in Wirklichkeit meinst: »Könntest du in dieser Sache etwas für mich unternehmen, weil ich deinem Urteil traue?« Der Luchs ist ein weises Tier, das viel zuhört und wenig spricht. Er ist als Mentor, Führer und wahrhaftigster Freund in deinen Karten erschienen. Er wird dein Geheimnis diesmal hüten, sei es gut oder schlecht, aber er bittet dich, ihm etwas zu versprechen: das Versprechen, von heute an nur noch gute Geheimnisse zu hüten.

Maus

Ich halte meine Versprechen

Eines Tages traf ein hungriger Löwe zufällig auf eine kleine Maus, die gerade dabei war, auf Grassamen herumzukauen. Der Löwe leckte sich die Lippen, stieß mit seiner Pranke hervor und packte die Maus am Schwanz. »Oh, bitte friss mich nicht«, quiekte die verängstigte Maus, als sie mit dem Kopf nach unten vor der Nase des Löwen baumelte. »Und warum sollte ich dich nicht fressen?«, fragte der Löwe und leckte sich wieder die Lippen. »Wenn du mich nicht frisst«, verhandelte die Maus, »dann verspreche ich, dass ich mich revanchiere und dir eines Tages zu Diensten sein werde.« Der Löwe lachte, aber er war so beeindruckt vom Mut der Maus, dass er einwilligte. Doch bevor er die Maus gehen ließ, warnte er sie, ihr Versprechen ja nicht zu brechen. »Das werde ich nicht«, stammelte die Maus, »ich halte meine Versprechen immer.« Daraufhin ließ der Löwe die Maus los, und sie hastete davon. Es vergingen ein paar Wochen, bis eines Tages die kleine Maus, als sie nach leckeren Grassamen suchte, ein fürchterliches Geheul vernahm. Mit vor Angst pochendem Herzen krabbelte sie vorwärts, um zu sehen, woher das schreckliche Geräusch wohl kam. Zu ihrer Überraschung erblickte sie den Löwen ... gefangen in einem Netz aus Seilen, unfähig zu entkommen. »Was ist denn mit dir passiert?«, fragte die kleine Maus nervös. »Ich bin in eine Jägerfalle geraten«, antwortete der Löwe, »ich kann mich nicht befreien.« Die kleine Maus wusste, dass das ihre Chance war, um ihr Versprechen einzulösen, und so holte sie tief Luft und näherte sich dem Löwen.

»Was tust du da?«, brüllte der frustrierte Löwe. »Ich kann dir helfen, dich zu befreien«, antwortete die Maus. »Mach dich nicht lächerlich«, spottete der Löwe, »wie um alles in der Welt soll eine kleine Maus wie du mir schon helfen?« Die Maus begann an den Seilen zu knabbern, bis sie nachgaben und der Löwe frei war. »Danke, dass du mich befreit hast«, flüsterte der Löwe demütig. »Ich bin froh, dass ich dir dein Versprechen geglaubt und dich nicht gefressen habe. Du bist wirklich ein ehrenvolles Tier.« Und so trennten sie sich und gingen ihrer Wege.

Wenn die Maus heute in deine Karten getrippelt ist, dann ist es vielleicht an der Zeit, ein Versprechen einzulösen, das du gegeben hast. Frage dich selbst, ob du vergessen hast, ein Versprechen zu halten, oder vielleicht hast du auch gedacht, es sei in Ordnung, ein Versprechen zu brechen, das du in der Vergangenheit gegeben hast? Ein Versprechen ist wie ein Vertrag – einmal gemacht, kann es nicht gebrochen werden (es sei denn, dass derjenige, dem du das Versprechen gegeben hast, damit einverstanden ist, dass du es brichst). Wenn die Maus in deinen Karten aufgetaucht ist, dann wird dir gesagt, dass du dein Versprechen halten musst. Wenn du ein Versprechen brichst, lässt du nicht nur denjenigen im Stich, mit dem du es eingegangen bist, sondern auch dich selbst. Und das ist noch schlimmer. Es entlarvt dich als jemanden, dem man nicht vertrauen kann. Sei also wie die Maus, und sei stolz darauf, sagen zu können: »Ich halte meine Versprechen.« Wer weiß? Vielleicht wirst du, weil du dein Versprechen hältst, eines Tages von demjenigen belohnt werden, dem du es gegeben hast. Denke daran, jeder kann ein Versprechen geben, aber man muss schon eine bestimmte Art von Mensch sein, um es dann auch zu halten. Solange deine

Versprechen »gut« sind – und damit meine ich Versprechen, die in keiner Weise das Wohlergehen oder die Sicherheit von anderen Menschen oder dir selbst bedrohen –, solltest du alles unternehmen, um sie auch einzuhalten. Es ist etwas Ehrenvolles. Wenn du nicht die Absicht hast, Versprechen einzuhalten, dann darfst du sie gar nicht erst geben.

Opossum

Ich nehme Hilfe an

Hier in Australien gibt es 23 bekannte Opossumarten, die in drei Hauptfamilien gegliedert sind: die Familie der Ring- und Gleitbeutler, die Familie der Fuchskusus und Kletterbeutler und die Familie der Bilch- und Zwerggleitbeutler. Alle Opossums sind nachtaktive Tiere, wobei einige Arten mit einem Greifschwanz und mächtigen Krallen ausgestattet sind. Dort, wo ich lebe, im australischen Yarra Valley, sind wir von Nationalforst umgeben. Hier wimmelt es geradezu vor wildlebenden Tieren – einschließlich Opossums. Es ist nichts Ungewöhnliches, ein Opossum an einem Baumast entlanghuschen zu sehen, manchmal mit einem Baby auf dem Rücken, oder dass eine ganze Opossumfamilie in einem Hohlraum an der Zimmerdecke wohnt. Opossums sind Opportunisten. Sie haben keine Angst, die Möglichkeiten zu nutzen, die ihnen geboten werden. Sie plündern zum Beispiel Futterhäuschen für Vögel, Obstgärten, Komposthaufen und Gemüsegärten, nehmen sich, was sie wollen, und haben dementsprechend ein schönes Leben. Und wenn du abends schlafen gehen willst, siehst du meistens auch dein ansässiges Opossum in sein Nest zurückkehren, das es unter der Dachrinne deines Hauses, in deinem Gartenschuppen oder zwischen den Dachsparren deiner Garage gebaut hat. Ich habe sogar schon welche entdeckt, die zusammengerollt zwischen den Dachbalken von Hühnerställen, abgelegenen öffentlichen Toiletten und Bushäuschen auf dem Land tief und fest schliefen!

Wenn das Opossum eine Gelegenheit sieht, packt es sie begierig mit beiden Pfoten und rennt damit fort. Wenn heute das wegbereitende Opossum in deine Karten geschlendert ist, dann wird dir gesagt, dass es völlig in Ordnung ist, wenn du Hilfe annimmst. Es bereitet dich darauf vor, die Gelegenheit zu erkennen, wenn sie auftaucht, sie beim Schopf zu packen und zu deinem besten Vorteil zu nutzen. Es lädt dich ein, wie das Baby-Opossum zu sein (das sich am Rücken seiner Mutter festhält) und sanft auf dem Rücken der Freundlichkeit zu reiten – und darauf zu bleiben, bis du selbst einen bequemen Platz gefunden hast. Wenn dir zum Beispiel ein Platz in der Schulaufführung oder in deinem Chor angeboten wird und du es interessant findest – mach es, weil du nie wissen kannst, ob nicht ein Talentsucher im Publikum sitzt, der gerade nach den »Stars von morgen« Ausschau hält. Wenn dir Ergänzungsunterricht oder ein Aufbaukurs in der Schule angeboten wird, eine Lehre oder ein Stipendium, um deine Interessen zu vertiefen, mach es – und lass dich begeistern. Der Große Geist macht keine Fehler. Es ist kein Zufall, dass dir diese besondere Hilfe angeboten wird. Sei wie das Baby-Opossum, heiße die Vorsehung willkommen und lass dich überraschen, wohin sie dich führt. Wenn die Gelegenheit, die dir geboten wurde, für dich nicht mehr von Interesse ist oder sich nicht als das herausstellt, was du erhofft hattest, »steig einfach ab« und kehre zu deiner jetzigen Lebensweise zurück. Keine große Sache. Aber was, wenn die Gelegenheit dazu bestimmt war, deine Fahrkarte nach draußen zu sein, und du den Zug verpasst hast? Was für eine Schande! Was für eine Verschwendung. Aber statt über das »Was wäre wenn« nachzugrübeln, schließe einen Pakt mit dir selbst, so etwas nicht zuzulassen. Erkenne und beseitige alle Selbstzweifel oder einschränkenden Überzeugungen, die dich davon abhalten, deine Talente zu fördern und so gut du kannst für dich zu nutzen. Unternehmer und Leute wie Bill Gates, Oprah Winfrey, Donald Trump und Richard Branson hätten niemals Hilfe ausgeschlagen oder eine Gelegenheit ungenutzt verstreichen lassen, als sie noch ganz am Anfang standen – hätten sie es getan, wären sie dann wohl so erfolgreich geworden, wie sie es heute sind? Wenn sie das Vertrauen verloren hätten oder eine Gelegenheit für »unter ihrer Würde« gehalten hätten, wären sie dann wohl dort, wo sie jetzt sind? Ich glaube nicht. Stattdessen nahmen sie die Hilfe an, die ihnen angeboten wurde, und nutzten sie zu ihrem Vorteil. Und ich bin mir sicher, dass sie das auch heute noch tun, obwohl sie es geschafft haben. Das Opossum bietet dir die Chance, dich zu verbessern und dein Wissen zu vertiefen. Die Gelegenheit klopft bei jenen an die Tür, die wachsam sind. Solange du bereit bist, Hilfe anzunehmen und hart zu arbeiten, ist alles möglich.

Papagei

Ich habe eine Stimme

Von den (circa) 300 Papageienarten, die es auf der Welt gibt, wohnen allein 56 hier in Australien. Cool, oder? Ich bin mir sicher, du findest Papageien auch wunderschön – zum Beispiel den bunten Regenbogenpapagei, den rosé-grauen Rosakakadu und den tropischen Edelpapagei, um nur einige zu nennen. Wir in Australien haben wirklich Glück, von so vielen bunten, leuchtenden Farben umgeben zu sein. Aber Papageien sind nicht nur bunt, sondern viele Papageienarten können auch lernen, die Sprache der Menschen nachzuahmen, indem sie einfach Wörter und Töne wie Pfiffe oder Telefonklingeln imitieren. Manche Leute machen sich sogar die Mühe, ihrem Papagei bestimmte Wörter und Sätze beizubringen – von denen einige hier nicht genannt werden dürfen! Wenn du also einmal innehältst und darüber nachdenkst, können Papageien als Boten des Tierreiches betrachtet werden, da sie durch das Sprechen ihre Welt mit der unseren verbinden. Worauf ich hinaus will, ist, das Papageien Schönheit, Farbe und Selbstausdruck in unser Leben bringen – und das ist etwas, das es wert ist, gefeiert zu werden.

Wenn der schöne Papagei sich heute in deine Karten gekrächzt hat, dann wirst du an die Schönheit, den Schwung und die Freude erinnert, die du ins Leben deiner Mitmenschen bringst. Dir wird gesagt, dass du wertgeschätzt wirst und dass sogar einfache Dinge, die du tust, andere glücklich machen. Der Papagei bittet dich, deinen wunderbaren Sinn für Humor, deine farbenfrohe Persönlichkeit, deine Einzigartigkeit und deine Kommunikationsfähigkeit anzuerkennen. Dir wird gesagt, dass deine Worte wichtig sind, dass deine Stimme gehört werden muss. Wahrscheinlich bist du dir dessen gar nicht bewusst, aber wenn du redest, hören die Leute zu. Deine Witze und dein Humor bringen die Menschen zum Lächeln, deine Gefühle lassen sie innehalten und nachdenken, und deine Gedanken, Ansichten und Meinungen sind stichhaltig und wert, mit anderen geteilt werden. Wenn du anderen mitteilst, was du denkst, ist die Wirkung auf deine Mitmenschen so belebend wie die brillante Farbe der Papageienfedern. Also behalte deine Gedanken nicht mehr für dich. Hab keine Angst davor, offen zu sagen, was du meinst. Du hast eine Stimme. Melde dich zu Wort. Schweige nicht mehr. Ob als Berater, Vermittler, Vertrauensperson oder Sprecher, du bist dazu bestimmt, heute und in Zukunft etwas zu bewirken, indem du dich einfach freimütig äußerst, deine Meinung kundtust oder deine Ansichten mitteilst.

Pferd

Ich habe die Kraft vorwärtszukommen

Hast du dir schon einmal einen Kompass angesehen und festgestellt, dass auf ihm die vier Kardinalpunkte markiert sind: Osten, Norden, Westen und Süden? Nun, in den Stammestraditionen steht auf jedem der vier Hauptpunkte des sogenannten »Rads des Lebens« symbolisch ein Pferd. Im Osten steht ein gelber Palomino, den Norden bewacht ein großer Fuchs, den Westen schützt ein Rappe, während im Süden ein Schimmel Wache steht. Es heißt, dass die vier Himmelsrichtungen heilige Geschenke der Macht sind und eine Fülle an energetischem Wissen für diejenigen bereithalten, die mutig genug sind, um zu erforschen, welche Weisheit in jeder Himmelsrichtung verborgen liegt. Wenn wir uns zum Beispiel nach Osten begeben, soll uns das die Augen für die Geschenke der Erleuchtung und der Klarheit öffnen, während eine Reise nach Norden eine gesunde Mischung aus Unschuld und Leidenschaft in uns wecken soll. Im Westen lernen wir die Kunst der Besinnung und Meditation, während uns im Süden Lektionen in Reife und Einsicht erteilt werden. Es liegt an uns, hinauszugehen und nach diesem Wissen zu suchen. Nur dann, so heißt es, können wir hoffen, ein erfüllendes, einträgliches Leben zu führen.

Wenn das Pferd heute in deine Karten galoppiert ist, wird dir gezeigt, dass du die Kraft hast, auf allen Ebenen vorwärtszukommen. Ob in der Schule, in Liebesdingen, körperlich oder spirituell – was auch immer: Das Pferd kommt als Zeichen, dass du auf dem richtigen Weg bist, was deine Entscheidungen und die

Richtung anbelangt, die dein Leben gerade nimmt. Tief in deinem Herzen hast du schon immer gewusst, wo im Leben dein Platz sein soll, mit wem du dich zusammentun solltest, was die Lektionen in deinem Leben versuchen, dich zu lehren, und was du tun musst, um dorthin zu gelangen. Das Pferd verspricht dir: Was das Leben dir auch bietet (was Lebenserfahrung oder Möglichkeiten betrifft) - wenn du weißt, dass es so bestimmt ist, dass du »Ziel X« an einem bestimmten Punkt in deinem Leben erreichen sollst, und wenn du alles in deiner Macht Stehende tust, um dein Ziel zu erreichen, dann kann dich nichts davon abhalten. Nichts kann dich davon abhalten, deine innere Stärke zu entdecken und deinen Vorsatz zu verwirklichen. Alles, was noch zwischen dir und diesem Ziel liegt, muss sich fügen, damit du am Ende erfolgreich bist. Alles muss entweder mit dir an einem Strang ziehen oder beiseitetreten, damit du dein Ziel erreichst und deine Träume verwirklichst. Die Ankunft des Pferdes ist eine Erinnerung daran, dass sogar die kompliziertesten Reisen mit einem einfachen Schritt nach vorn anfangen, mit einer schwungvollen Bewegung, die Weiterentwicklung in sich trägt und Fortschritt und Erfüllung verspricht. Das Erscheinen des Pferdes mit dem Gefühl von völliger Freiheit, das es uns vermittelt, weist auf Reisen aller Art hin, sowohl innerlich als auch äußerlich, emotional, körperlich und spirituell.

Puma

Ich bin verantwortungsvoll

Nur diejenigen, die verantwortungsvoll genug sind, um sich immer treu zu bleiben und Rechtschaffenheit zu ihrer obersten Priorität zu machen, geben wahre Führungskräfte ab. Ein Anführer muss von den Menschen gewählt werden, er darf sich niemals selbst dazu ernennen. Ein Anführer darf keine Angst haben zu führen, zu delegieren oder Verantwortung zu übernehmen, wenn niemand anderes dazu bereit ist, die Dinge in die Hand zu nehmen. Er lässt sich nicht von der Abneigung oder Unsicherheit anderer irritieren und lässt auch nicht zu, dass Angst, Egoismus oder Selbstherrlichkeit seine Entscheidungen beeinflussen. Ein Anführer muss sofort in jeder Situation wissen, was zu tun ist, und stark genug sein, um mit nur wenig oder gar keiner Anleitung oder Unterstützung von außen zu handeln. Er muss unvoreingenommen, gefasst und kontrolliert erscheinen, selbst wenn er innerlich überfordert, besorgt oder durcheinander ist. Für viele Menschen in Nordamerika ist der Puma, auch Berglöwe, Kuguar oder Silberlöwe genannt, ein heiliges Tier. Ein Tier, das wichtig für Menschen ist, die zu Anführern bestimmt sind, weil es als verantwortungsvoll und als selbstsicher zugleich gilt. Der Lebensraum des Pumas erstreckt sich von Kanada durch die westlichen Staaten Nordamerikas bis in die westlichen Regionen Südamerikas.

Wenn der Puma heute in deine Karten spaziert ist, dann wirst du für dein verantwortungsvolles Wesen, deine Führungsqualitäten und deinen fairen Charakter anerkannt. Du bist offensichtlich jemand, der unerschütterlichen Glauben, innere Stärke, Reife und Gefasstheit zeigt, wenn solche Eigenschaften gefordert sind. Und du dürftest auch jemand sein, der sich danach sehnt, ein Beispiel zu sein, andere zu inspirieren und Menschen anzuführen, heute und in Zukunft. Vielleicht siehst du dich selbst als Vertrauensschüler, Schulleiter, Schülersprecher oder Mannschaftskapitän. Vielleicht bist du auf einer Schule, in der die Schüler, die Lehrer oder der Direktor einen oder mehrere Schüler aus höheren Klassen zum Vorbild für die restliche Schule ernennen. Solltest du gewählt werden, wird vielleicht von dir erwartet, dass du bestimmte Pflichten erfüllst, um die Disziplin und die allgemeine Schulorganisation aufrechtzuerhalten. Du hast vielleicht die Aufgabe, deine Schulkameraden in der Schule zu vertreten (bei Versammlungen und so weiter) oder auch die Schule als Ganzes bei öffentlichen Veranstaltungen. Oder man erwartet von dir, dass du andere Schüler in verantwortungsvollen Positionen unterstützt oder deinen Schulkameraden beim Lernen hilfst. Wie auch immer, von dir wird dann erwartet, dass du dich als kompetenter Sprecher, gutes Vorbild, verantwortungsvolle Person und, was noch wichtiger ist, als würdiger Botschafter der Schule erweist. Obwohl es keinen Grund gibt, warum du dein Ziel nicht erreichen solltest, wirst du heute gewarnt, dass der Weg, andere Menschen anzuführen, oft mit Problemen und Sorgen gepflastert ist; Hindernisse, die deine Entschlossenheit, dein Engagement und deine persönlichen Überzeugungen auf die Probe stellen. Hin und wieder wirst zu gezwungen werden, dich selbst und deine geleistete Arbeit infrage zu stellen, um dich auf einer persönlichen Ebene zu verbessern. Der Puma verlangt, dass du als möglicher Anführer zuerst den Respekt der anderen gewinnen musst, bevor du ihn für dich selbst in Anspruch nehmen darfst. Du musst anderen immer Respekt erweisen, auch wenn sie es dir gegenüber nicht tun, und du musst zeigen, dass du Ehrfurcht vor der Natur hast, vor dem Schalten und Walten des Universums und vor den persönlichen Überzeugungen, Wünschen, Bedürfnissen und Grundsätzen deiner Mitmenschen, nicht nur vor deinen eigenen.

Rabe

Ich glaube an Magie

Wenn du dir das Tierreich anschaust, gibt es einige Tiere, die schon lange mit der Kunst der Magie assoziiert werden: Eulen zum Beispiel, schwarze Katzen, Kröten, Ratten, Schlangen und Raben, um nur ein paar zu nennen. Warum meinst du wohl, ist das so? Nun, die meisten Tiere, die mit Magie in Verbindung gebracht werden (meist durch Mythen und Legenden), sind entweder von Natur aus nachtaktiv oder bewohnen dunkle, geheimnisvolle Orte. Eulen und Katzen zum Beispiel sind nachts aktiver, während Kröten, Ratten und Schlangen an dunklen, feuchten Orten wie Wäldern, Mooren und verlassenen Gebäuden lauern. Es sind Orte, die ein durchschnittlicher Mensch nur mit einem Schaudern besuchen würde, besonders nachts, weswegen die dort lebenden Tiere ihm genauso »unheimlich« vorkommen. Auch Tiere, die eine schwarze Farbe haben, werden im Allgemeinen mit Magie assoziiert, hauptsächlich deshalb, weil sie bedrohlich aussehen und die Farbe Schwarz mit Dunkelheit, dem Bösen und dem Unbekannten verbunden wird. Es ist schade, dass die Wörter »dunkel, böse und schlecht« für gewöhnlich mit diesen Tieren in Verbindung gebracht werden und dass auch Magie für viele »negativ« ist. Um die Wahrheit zu sagen: Magie auszuüben ist absolut sicher und normal. Es ist ein großartiger Prozess, ein natürlicher Akt, bei dem es ganz darum geht, an dein Selbst zu glauben und daran, dass du es wert bist, auf allen Ebenen erfolgreich zu sein. Für den, der wahre Magie ausübt, ist sie ein Weg, um die

Natur zu feiern, Gesundheit und Heilung anzuregen, Liebe willkommen zu heißen und Fülle und Nahrung herbeizurufen. Sie sollte immer nur zum Wohle aller ausgeübt werden, ohne böse Absichten und ohne dass eine andere Person oder ein anderes Lebewesen jemals dadurch zu Schaden kommt.

Wenn der Rabe heute in deine Karten geflattert ist, dann sollst du die Tatsache anerkennen, dass du an Magie glaubst. Magie ist real, und du weißt das. Magie umgibt dich jeden Tag und unterstützt dich in allem, was du tust. Raben sind schwarz, und wie das Große Geheimnis, in dem der Große Geist lebt, verkörpern sie alles, »von dem man weiß, dass man es nicht wissen kann«. Es ist dieser Ort des »Großen Unwissens«, wo die Mächte des Universums wohnen. Hier wachsen die Wurzeln wahrer Magie; sie reichen aus dem Kosmos heraus, um dich zu unterstützen, wenn du dich daran machst, deine Träume zu verwirklichen. Und der Rabe ist der Bote. Er fliegt hin und zurück, übermittelt dem Großen Geist deine Bedürfnisse und Wünsche und bringt Anweisungen mit zurück, wie du sie Wirklichkeit werden lassen kannst. Um Zugang zu dieser Macht zu erhalten und wahre Magie auszuüben, musst du dir einen sicheren, stillen Ort suchen. Vielleicht zündest du dafür eine Kerze und deine Lieblings-Räucherstäbchen an. Wenn du nun dasitzt und dich entspannst, formuliere einfach eine Absicht in deinem Kopf - ein Bild davon, was du willst oder brauchst -, und nachdem du dich vergewissert hast, dass niemand und nichts dadurch in irgendeiner Weise zu Schaden kommen wird (dich eingeschlossen), übergib es einfach dem Universum. Sende es mit Liebe hinaus, über den Raben - und vor allem betrachte dich als würdig, es zu erhalten. Manche meiner Leser sehen den Prozess, den ich gerade beschrieben habe, vielleicht auch als »Gebet«, und da liegen sie ganz richtig. Denn genau das ist es: ein Gebet der Absicht, dargebracht mit Liebe und Respekt vor Gott, der Göttin und dem Großen Geist. Und nachdem du dein Gebet dem Universum übergeben hast, musst du nur noch warten; darauf warten, dass das Universum für dich sorgt. »Bitte, und dir wird gegeben.« Das ist wahre Magie, meiner Meinung nach – und etwas, das es wirklich wert ist, daran zu glauben.

Reh

Ich bin sanft

Wo ich wohne, leben viele wilde Rehe, vor allem Damwild und Sambare. Kein Abend vergeht, an dem wir nicht ein oder zwei Rehe an der Straße grasen sehen, wenn wir nach Hause fahren. Sie wohnen in dem Wald, der mein Haus umgibt, und wurden vor Jahren von Rehzüchtern der Wildnis überlassen. Wenn wir an ihnen vorbeikommen, höre sie auf zu fressen und trotten leise zurück zwischen die Bäume. Manchmal haben wir Glück und entdecken eine Familie, die gemeinsam grast: eine Ricke, ein Hirsch und ein Kitz. Rehe sind so friedliche Tiere, mit großen braunen Augen, eleganten Beinen und lieben Gesichtern. Aber ich kann mich daran erinnern, wie ich eines Nachts – es war ungefähr 3 Uhr – nach Hause fuhr und ein riesiger Hirsch, der von meinem Auto aufgeschreckt worden war, wie aus dem Nichts auftauchte und mehrere Meter neben mir herrannte, bevor er den Kopf mit seinem Geweih gegen meine Beifahrertür rammte und meinen Seitenspiegel zertrümmerte. Hätte ich abgebremst, dann wäre er sicher weggelaufen, aber er hatte Angst und verteidigte sich. Als ich zu Hause ankam, sah ich, dass er einen langen, schmutzigen Kratzer an der Seite meines Autos hinterlassen hatte – einen Kratzer, der von dem »Samt« stammte, von dem sein Geweih überzogen war. Obwohl wir über Nacht unsere Tore schließen müssen, damit sie nicht hereinkommen und meine Rosen auffressen, sind die Rehe, die in dem Nationalforst rund um unser Haus leben, normalerweise sehr scheu und sanft und gehen still ihrem Tagwerk nach, ohne sich großartig um irgendwen oder irgendetwas zu scheren.

Wenn das Reh heute in deine Karten getänzelt ist, dann bedeutet das, dass du für deinen sanften Charakter und dein liebevolles, verständnisvolles Wesen anerkannt wirst. Wenn du dich bedroht, schikaniert oder herabgesetzt fühlst, was tust du dann? Nun, du hast zwei Möglichkeiten – agieren oder reagieren. Wenn du reagierst, kann es passieren, dass du dich aufregst und genauso drohend und herabsetzend wirst wie dein Gegenüber. Wenn du dich aber entscheidest zu agieren, bekommst du mehr Spielraum. Du kannst eigenmächtig dastehen, ohne ein Wort zu sagen. Wenn du ruhig, sanft, verständnisvoll und mitfühlend bist, gewinnst du mehr an Boden, als wenn du aggressiv bist. Wenn du deinem einschüchternden Gegenüber Liebe und Mitgefühl zeigst, wird derjenige bald erkennen, dass du nicht zurückbeißen wirst, und er wird sich langsam aber sicher beruhigen, bis das ganze Geschrei vorbei ist. Du wirst ihm keine andere Wahl lassen, als aufzuhören und abzuwarten, was du tun wirst. Und wenn du dann etwas tust, wird es mit freundlichem Herzen geschehen. Es kann gut sein, dass dein Gegenüber sich dann bei dir entschuldigt oder versucht, sich zu erklären. Vielleicht hatte er einen schlechten Tag, oder in seinem Privatleben sind Dinge geschehen, von denen niemand etwas weiß. Vielleicht sind seine Wut und seine Gemeinheiten ein Hilfeschrei, und vielleicht wirst du dadurch, dass du agierst, statt zu reagieren, auf diesen Hilfeschrei antworten. Vielleicht erblüht aus dieser Konfrontation ja sogar eine Freundschaft. Wer weiß? Finde es doch einfach heraus, wenn dein sanfter Charakter das nächste Mal auf die Probe gestellt wird.

Schaf

Ich muss anderen nicht blind folgen

Schafe sind nicht gerade dafür bekannt, besonders schlau zu
sein. Es scheint so, als ob sie nicht besonders gut darin sind,
selbstständig zu denken oder eigene Entscheidungen zu treffen. Sie
tun lieber, was die anderen Schafe tun, nämlich: demjenigen zu folgen,
das vorneweg läuft. Wenn das vorderste Schaf zum Beispiel beschließt, einen
Spaziergang zu machen, folgt ihm die ganze Herde. Wenn das vorderste Schaf
beschließt, sich hinzusetzen, setzen sich alle hin. Obwohl dieses System für sie
zu funktionieren scheint, dürfte es für dich nicht besonders gut sein, es dir an-
zugewöhnen. Das Schaf erinnert dich daran, dass du kein Schaf bist; du musst
nicht das tun, was die anderen tun. Das Schaf erinnert dich daran, dass du deinen
eigenen Kopf hast, dass es nicht immer eine gute Idee ist, deinen Kameraden zu
folgen, so verlockend es auch manchmal sein mag. Viele von uns tappen in die
Falle, dass wir tun, was unsere Freunde uns sagen, oder nachmachen, was sie tun,
in dem Versuch, einen »coolen« Eindruck zu machen. Wir wollen, dass unsere
Freunde uns mögen und uns in ihre Aktivitäten mit einschließen, aber deswegen
tun wir vielleicht manchmal Dinge, die wir normalerweise nicht machen würden.
In dem Versuch, von unseren Freunden akzeptiert zu werden, können wir sogar
gegen unsere persönlichen Überzeugungen oder gegen die Wünsche unserer Eltern
handeln, und das kann nur zu Problemen führen. Leute, die anderen blind folgen,
geraten meistens in Schwierigkeiten, besonders, wenn der »Anführer« jemand ist,

der nach Aufmerksamkeit sucht, ein Draufgänger oder jemand, der wenig Respekt vor dem Wohlergehen anderer oder seiner selbst hat. Leute, die sich wie Schafe benehmen, müssen auch oft, wenn sie Probleme haben, feststellen, dass ihre »Freunde« gar keine Freunde sind, dass ihre Freundschaft nichts zählt, wenn sie mit dem Rücken zur Wand stehen.

Wenn das Schaf heute in deine Karten gewandert ist, dann wirst du ermutigt, selbst loszuziehen und nicht dem Beispiel deiner Freunde zu folgen. Das Schaf erinnert dich daran, dass du anderen nicht blind folgen musst, um akzeptiert und für cool gehalten zu werden. Folge deinem eigenen Weg, und tu, was du für richtig hältst. Das ist der einzige Weg, um den Respekt und die Bewunderung der anderen zu erlangen. Niemand hat es auf dieser Welt jemals zu etwas gebracht, der immer nur tat, was alle anderen tun. Worin läge der Sinn? Wir würden alle dasselbe tun, einem Weg folgen, der in dieselbe Richtung führt, mit demselben Bestimmungsort und denselben Zielen. Auch wenn es also zuerst schwierig erscheint, bittet das Schaf dich, auf dein eigenes Herz zu hören, deinen eigenen Träumen zu folgen, deine eigenen Trends zu setzen und deinen eigenen Stil zu erfinden. Würdige, wer und was du bist, sei gut zu dir selbst, halte den Kopf hoch und lass dich nicht von den Zwängen und Erwartungen deiner »Freunde« und Klassenkameraden beeinflussen. Denn wenn sie wirklich deine Freunde wären, dann würden sie nicht wollen, dass du dich veränderst, um wie sie zu sein.

Schildkröte

Ich kümmere mich um Mutter Erde

Der Irokesenstamm der Onondaga kennt eine wundervolle Schöpfungsgeschichte, die die Welt beschreibt, bevor die Erde existierte. In jener Zeit gab es nur Wasser und Himmel. Im Himmel zwischen den Wolken wuchs ein riesiger Baum, ein heiliger Baum mit Ästen, die sich in alle vier Himmelsrichtungen erstreckten. Zwischen den Wolken lebte auch ein Häuptling und mit seiner Frau, die mit ihrem ersten Kind schwanger war. Eines Nachts hatte die Häuptlingsfrau einen Traum, dass der heilige Baum umgefallen war und alle seine Wurzeln emporragten - mit Ausnahme der Pfahlwurzel, die sehr tief reichte. Die Männer des Häuptlings versuchten, den Baum richtig herauszuziehen, um ihn auf die Seite zu legen, aber egal, wie sehr sie an ihm zogen, sie konnten die Pfahlwurzel nicht von der Stelle bewegen. Schließlich beschloss der Häuptling – der sehr, sehr alt war –, es selbst zu versuchen. Er nahm also seine ganze Kraft zusammen, zog an dem Baum, bekam ihn tatsächlich (mit Pfahlwurzel und allem) heraus und legte ihn vorsichtig auf die Seite. Im Himmel war jetzt ein großes Loch. Die Häuptlingsfrau sah etwas an seinem Grund funkeln, daher kletterte sie in die Baumäste, um sich einen besseren Überblick zu verschaffen. Aber weil ihr Körper durch ihre Schwangerschaft sehr schwer war, zerbrach der Ast, auf dem die Häuptlingsfrau stand, und sie stürzte in das Loch hinab, durch den Himmel hindurch auf das Wasser zu, das im Sonnenlicht funkelte. Zwei Wasservögel sahen sie fallen und flogen hinauf, um sie aufzufangen. Als ihnen klar wurde, dass sie ganz sicher ertrinken würde, wenn sie ins Wasser fiel, riefen sie andere Tiere herbei, um ihnen zu helfen. Die Tiere warfen einen Blick auf sie und wussten, dass sie nur auf der Erde leben konnte, aber die einzige Erde auf der ganzen Welt befand sich am Grund des Wassers (die Ente und der Biber hatten es gesehen, als sie auf der Suche nach Nahrung tief hinuntergetaucht waren). Die Bisamratte erbot sich, etwas Erde für die Frau zu sammeln, damit sie darauf stehen konnte, aber sie schaffte es mit ihren kleinen Pfoten nicht, genug zusammenzubekommen, und die anderen Tiere wussten: Selbst, wenn es ihr gelingen würde, genug Erde vom Grund des Wassers heraufzuholen, würde die Erde genauso schnell wieder hinabsinken. Was sollten sie tun? Plötzlich hatte die Schildkröte eine Idee und erbot sich, die Erde auf ihrem Panzer heraufzutragen. Sobald die Erde (die die Bisamratte auf dem Rücken der Schildkröte aufhäufte) die Oberfläche erreichte, begann sie zu wachsen und verteilte sich immer weiter über das Wasser. Die Wasservögel brachten die Frau vorsichtig an Land, und als sie abstieg, öffnete sie ihre Hände, in denen sie Samen und Früchte vom Heiligen Baum gehalten hatte. Sie ließ sie fallen, und die Samen keimten sofort und wuchsen zu den vielen Bäumen heran, die jetzt auf der Erde wachsen. So, heißt es bei den Irokesen, begann das Leben auf der Erde, und da die Erde nach ihrer Geschichte auf dem Rücken einer Schildkröte getragen wird, nennen sie Amerika »die Schildkröteninsel«.

Dem Volk der Irokesen zufolge lehrt uns die Schildkröte, die Erde zu lieben, sie mit Respekt zu behandeln und alle Lebewesen der Schöpfung als Geschwister zu ehren. Sie sagen, dass dann für uns gesorgt wird und wir niemals Hunger, Krankheit oder Verzweiflung kennen werden. Wenn die Schildkröte heute in deine

Karten geschwommen ist, ist das ein gutes Zeichen. Es zeigt, dass du dich um Mutter Erde kümmerst. Es zeigt, dass du gewissenhaft und rücksichtsvoll bist und darüber nachdenkst, welche Auswirkungen dein Handeln nicht nur auf andere Menschen hat, sondern auch auf Tiere, Bäume, Ozeane und die Erdenmutter selbst. Es zeigt, dass du verstehst, wie wichtig Wiederverwertung und Recycling sind und dass wir alles tun sollten, um die weltweite Klimaerwärmung zu verringern. Die Schildkröte bittet dich, deine Mitmenschen zu ermutigen, genügsamer zu sein und sich von der Erdenmutter nur das zu nehmen, was sie brauchen, mehr nicht. Die Schildkröte bittet uns, der Erdenmutter, wenn wir etwas von ihr nehmen, auch etwas zurückgeben, indem wir (zum Beispiel) Bäume pflanzen, um dem Kohlendioxidausstoß unserer Autos entgegenzusteuern, und so weiter. Die Schildkröte bittet uns außerdem, einen Augenblick darüber nachzudenken, was mit unserem Hausmüll geschieht, wenn wir den Abfall raustragen, und wie viel von diesem Müll eigentlich zur Erde zurückkehrt und wie viel in unseren Flüssen und Meeren landet als giftige Ablagerungen, die den Boden verseuchen, oder als schwarzer Qualm, der die Luft verschmutzt. Wenn die Schildkröte in deine Karten schwimmt – trage deinen Teil dazu bei, um dem Planeten HEUTE zu helfen, und dann geh hinaus in die Natur, und nimm deine Belohnung entgegen. Atme die frische Luft ein, hör die Vögel singen und fühle die kühle, liebliche Erde unter deinen Füßen. Und wisse: Wenn du deinen Teil beiträgst und andere ermutigst, deinem Beispiel zu folgen, werden deine Kinder dir eines Tages dafür danken. Aber fürs Erste danke ich dir. Und die Schildkröte ebenfalls.

Schlange

Ich bin gesund

Warst du schon einmal in einer Arztpraxis oder einem Krankenhaus und hast das Symbol gesehen, das aussieht wie zwei Schlangen, die um einen Stab gewickelt sind, manchmal auch mit einem Paar ausgestreckter Flügel an der Spitze? Nun, dieses Symbol heißt »Hermesstab«, und er steht für das Streben nach Heilung und Gesundheit. Als Symbol, das alles verkörpert, wofür die Ärzteschaft steht, sagt uns der Hermesstab, wie wichtig es ist, alles abzuwerfen, was Krankheit beziehungsweise »Un-wohlsein« verursacht. Genau wie eine Schlange ihre alte, trockene, verschlissene Haut abstreift, um eine gesunde, glänzende, »neue« Haut zum Vorschein zu bringen, fordert uns der Hermesstab auf, es ihr gleichzutun – die Schichten unseres Wesens abzulösen, die uns Unbehagen und Beschwerden bereiten, um so zu enthüllen, wer wir wirklich sind und was wir wirklich glauben und im Leben wollen. Eine Schlange MUSS ihre alte Haut abstreifen, um bei guter Gesundheit zu bleiben. Und das Gleiche kann man auch über dich als emotionales Wesen sagen. Es heißt, dass es keinen kranken Menschen gibt, der sich nicht nach etwas sehnt. Weißt du, was das bedeutet? Es bedeutet, dass du, wenn du weißt, dass du unglücklich bist – emotional oder seelisch –, und nichts dagegen unternimmst, dich selbst krank machen wirst – körperlich. Wenn du dich zum Beispiel wegen etwas aufregst oder grämst, weil du etwas deiner Meinung nach nicht tun oder haben kannst, dann wird diese Sorge sich verschlimmern, bis sie sich in deinem Leben als Krankheit zeigt. Die Schlange bittet dich darum, dir dein Problem anzuschauen, bevor deine Trauer, Betrübnis, Wut, Verbitterung, Verwirrung – oder was auch immer dein »Un-wohlsein« verursacht hat – eine Chance hat, zu einer Krankheit zu werden. Du solltest mit dem, was dir Kummer bereitet, arbeiten, statt zuzulassen, dass es sich gegen dich richtet.

Wenn die Schlange heute in deine Karten geglitten ist, dann musst du zuerst einmal eine Tatsache anerkennen: DU BIST GESUND. Verankere diese Überzeugung in dir. Bekräftige sie, bevor wir weitergehen. Und dann, nachdem du das getan hast, sieh dir an, was dich jetzt bekümmert, verärgert oder beunruhigt. Frage dich: »Warum lasse ich zu, dass mich diese ›Sache‹ so traurig/wütend/aufgebracht macht?« Frage dich, was an dieser »Sache« dran ist, das dich so unglücklich macht, und setze dich damit auseinander. Ist sie wirklich schuld? Ist es wirklich diese andere Person, die dich schikaniert oder zu viel von dir erwartet, die dich »un-wohl« sein lässt, oder bist du es vielleicht selbst? Sorgst du vielleicht selbst dafür, dass du dich unbehaglich, unter Druck gesetzt oder klein fühlst? Sieh der Sache ins Auge, und sende ihr Liebe. Anerkenne sie für das, was sie ist – ein Problemchen –, und betrachte sie als nichts weiter als eine Lektion, die gelernt werden muss. Übergib sie dem Großen Geist. Sieh den Adler dieses »Ding« zum Großen Geist tragen, damit er sich für dich der Sache annimmt. Gib sie ab. Lass sie los. Hör auf, dich unter Druck zu setzen. Atme. Gestatte keiner Sache, die dich bedrückt, dich krank vor Sorge zu machen. Nötige dich nicht selbst dazu, mehr zu tun, als du heute schaffen kannst. Hör auf, dich mit anderen zu vergleichen und dir die Zeit selbst damit schwer zu machen, weil du angeblich nicht so schlau, hübsch oder beliebt bist wie sie. Tu einfach, was du schaffen kannst, nichts weiter. Je öfter du loslässt und dir ansiehst, wie du bisher auf bestimmte Auslöser reagiert hast, umso mehr wirst du sehen, dass dein Leben einfacher und gesünder wird. Oft ist es nicht deine Umgebung, die dich zwingt, in einer bestimmten Weise zu handeln, sondern du selbst, wenn du mehr von dir erwartest, als dir möglich ist. Verstehst du? Sei die Schlange – leg deine alte Haut ab, diese »alten« Seiten deines Charakters und deiner Persönlichkeit, die dich immerzu einschränken oder zurückhalten. Leg sie ab, damit das WAHRE DU hervortreten kann. SEI DU SELBST, nicht so, wie du meinst, dass andere dich gerne hätten. Umarme deine Stärken UND deine Schwächen. Sei das Beste, was du sein kannst – dein »WAHRES und GESUNDES« Selbst –, das »Du«, das stolz, stark und strahlend lebendig ist. Und wenn du schon einmal dabei bist, tu, was dir möglich ist, damit auch dein Körper das Beste ist, was er sein kann – indem du nur Gesundes isst, regelmäßig Sport treibst und frisches Wasser und Fruchtsäfte trinkst. Auf diese Weise wirst du dich auf allen Ebenen verbessern – emotional und körperlich.

Schmetterling

Ich verändere mich ständig

Egal, welche Farbe, Größe oder Form Schmetterlinge haben, sie sind immer so hübsch, zierlich und anmutig, nicht wahr? Wenn wir sie von Blüte zu Blüte flattern und im Sonnenlicht tanzen sehen, macht uns das entspannt und fröhlich zugleich. Sie sind einfach ein wunderschöner Anblick. Aber hast du dir jemals Gedanken darüber gemacht, was ein Schmetterling alles durchmachen muss, bevor er zu dem prächtigen Geschöpf wird, das du im Garten erblickst? Was er überstehen und riskieren muss, bevor er in der Welt als das elegante, geflügelte Geschöpf erscheint, das du vor dir siehst? Er macht sehr viel durch. SEHR VIEL! Er muss viel Zeit als unglaublich schwerfällige, fette, hungrige Raupe überstehen, die nichts anderes zu tun scheint als fressen, schlafen und wieder fressen. Dann muss er die Enge seiner Schmetterlingspuppe ertragen und dann das Trauma überstehen, sich körperlich in ein (äußerlich) völlig anderes Geschöpf zu verwandeln. Er muss hoffen, dass er nicht von einem Raubtier aufgestört wird, während er von einem Zweig oder Blütenstiel herabhängt und geduldig auf den Tag wartet, an dem er sich befreien und die Welt erkunden wird. Aber selbst dann noch muss er mit einem ganz neuen Schmerz klarkommen, wenn er seine Hülle durchbricht, sich ausstreckt und sich zu seiner wahren Gestalt entfaltet: Es besteht das sehr reale Risiko, dass seine Flügel beim Trocknen beschädigt wurden, wodurch er so sehr angeschlagen wäre, dass er sein Leben gar nicht fortführen könnte. Du siehst also, dass der

Schmetterling nicht einfach als Schmetterling auf die Welt kommt. Er muss sich vielen Problemen stellen, bevor er als das wunderschöne Geschöpf in Erscheinung tritt, das zu sein er bestimmt ist. Er muss viele Veränderungen durchmachen und viele Prüfungen bestehen, bevor er endlich seine Flügel ausbreiten und losfliegen kann.

Wenn der Schmetterling heute in deine Karten geflattert ist, dann wird dir damit gezeigt, dass ihr beide gar nicht so verschieden seid. Genauso wie der Schmetterling wachsen, sich verwandeln und zu dem wunderschönen Geschöpf »werden« muss, das die Natur vorgesehen hat, so musst auch du viele Phasen und Abschnitte durchlaufen, bevor du das Rüstzeug hast, eigenständig in die Welt hinauszugehen. Du musst erst Zeit damit verbringen, dich in der Schule darauf vorzubereiten – lernen und dich geistig dafür bereit machen. Du musst dir Zeit nehmen, um dich selbst auf allen Ebenen kennenzulernen, bevor andere dich wirklich kennenlernen können. Du musst erst ein Kind sein, bevor man von dir erwarten kann, wie ein Erwachsener zu handeln – du musst erst lachen, lieben und ein freies Leben führen, umgeben von Schönheit, bevor du überhaupt daran denken kannst, erwachsen zu werden. Du musst dir selbst zugestehen, zu experimentieren und Fehler zu machen, Dinge auszuprobieren und alles abzulehnen, was dich nicht weiterbringt. Du musst du selbst sein, wo du jetzt bist, und dann so tapfer sein, dich zu verändern und dich weiterzuentwickeln, damit du werden kannst, was du bestimmt bist zu werden. Bevor du dich aber zwingst, erwachsen zu werden, nimm dir Zeit, um zu genießen, was es bedeutet, die Raupe zu sein. Ziehe Nutzen aus allem, was dir geschenkt wird. Sei begierig auf neues Wissen, nimm alles in dich auf, begrüße neue Gelegenheiten, und koste das Leben richtig aus. Erst, wenn du das zur Genüge getan hast, solltest du nach innen schauen, überlegen, was du aus deinen Erfahrungen gelernt hast, und es in deinem Leben anwenden. Und genau so, wie der Schmetterling aus seiner Hülle ausbricht, wirst auch du bald bereit sein, deine Flügel auszubreiten und die Welt gespannt zu erkunden. Und erst wenn du erwachsen bist, wirst du wirklich erkennen, dass du dich immer wieder veränderst. Dass das Leben nicht statisch ist, dass nichts von Dauer ist, dass der Wandel spannend ist und dass er täglich stattfindet und begrüßt werden sollte.

Spinne

Ich habe die Wahl

Die Spinne erinnert uns daran, dass wir die Schöpfer unseres eigenen Lebens sind, wir sind ganz allein verantwortlich für die Richtung, die wir einschlagen. Sie versichert uns, dass wir, wenn uns nicht gefällt, was wir gewählt haben, erneut wählen können. Genau so, wie sie jeden Morgen ihr beschädigtes Netz neu webt, können auch wir unseren gewählten Weg neu ausrichten. Solange das Netz stark genug ist, um unsere Träume aufzufangen, haben wir die Macht, die Richtung zu ändern. Jeder von uns verkörpert einen unerlässlichen Faden im Netz des Lebens. Ohne unseren produktiven Beitrag wird das Netz geschwächt und wird unvollkommen. Die Spinne hilft uns, unsere Träume Wirklichkeit werden zu lassen. Sie ist die Traumweberin, die den Menschen am Anbeginn der Zeit den Traumfänger brachte. Sie ermutigt uns, unsere Zukunft zu planen, ihrem Potenzial zu vertrauen und sie zu verwirklichen, unsere Träume zum Leben zu erwecken und real werden zu lassen. Die Spinne ermutigt uns, das Leben verheißungsvoll und lohnenswert zu sehen. Sie sagt, dass wir, um unser Potenzial zu verwirklichen, bereit sein müssen, kalkulierte Risiken einzugehen, neue Ideen auszuprobieren, Veränderungen zu begrüßen und alte Türen zu schließen, um neue zu öffnen. Der Spinne zeigt uns: Wenn wir unser Leben führen, so gut wir können, wenn wir immer nach Größerem und Besserem streben, größte Rechtschaffenheit an den Tag legen und den tiefsten Respekt vor dem Großen Geist haben, dann werden nicht nur wir für unsere Mühe belohnt, sondern auch die, die unsere Welt mit uns teilen.

Wenn sich die Spinne heute in deine Karten gesponnen hat, dann wirst du gebeten, dich als der kurze, aber unerlässliche Faden zu sehen, der der Mitte ihres Netzes am nächsten ist. Ihr Netz steht für dein Leben als Ganzes, während »dein Faden« deinen jetzigen Platz darin verkörpert. Die Spinne erklärt, dass das Lebensnetz, das du webst, nur so brauchbar ist wie die Fäden, aus denen es besteht, wobei die Funktionsfähigkeit jedes einzelnen Fadens ganz davon abhängt, wie bereit du bist, ein erfolgreiches, erfüllendes und glückliches Leben zu führen. Dein Faden mag momentan stark sein, aber das wird er nicht bleiben, wenn du nicht bereit bist, für dich selbst und deinen Platz im Leben zu sorgen. Wenn dein Faden reißen sollte, dann zerfällt das ganze Netz. Dein Faden ist deine Verantwortung – und nur deine. Es ist deine Pflicht, alles zu tun, um zu würdigen, was dieser Faden dir und den dir Nahestehenden bietet. Koste dein Leben also voll aus, und sei ein Beispiel für deine Mitmenschen. Du hast einen Traum, eine geplante, beabsichtigte und machbare Zukunft, und er verspricht dir ein gutes, einträgliches, sinnvolles Leben. Aber wenn du nicht bereit bist, Verantwortung dafür zu übernehmen, dass der Traum Wirklichkeit wird – dann wird das niemand sonst für dich tun. Für dich ist die Zeit gekommen, dein Netz neu zu weben. Es ist Zeit, das du dein Leben veränderst, indem du darin Änderungen vornimmst. Es müssen keine riesigen Veränderungen sein, aber sie müssen auf jeden Fall offensichtlich, nutzbringend und produktiv sein. Indem du dein Netz neu webst, wirst du dein Leben wieder ganz machen. Indem du Verantwortung für deinen Faden übernimmst, wirst du deinen Mitmenschen zeigen, wie sie sich um ihren kümmern können. Aber bevor du dein Leben wieder ganz machen kannst, musst du erst herausfinden, was dich blockiert, und erkennen, welche Rolle du bei der

Entstehung dieser Blockaden gespielt hast. Wenn du dein Leben ganz machst, wird dein Selbstwertgefühl wachsen, und produktive Energie wird beginnen zu fließen. Wenn Energie fließt, kommt Gutes zu dir. Und wenn du dich dafür öffnest, dass Gutes zu dir kommt, ist alles möglich.

Stinktier

Ich habe Respekt vor anderen

Auch wenn du noch nie mit eigenen Augen ein Stinktier gesehen hast, bin ich mir sicher, dass du alles über Stinktiere weißt. Sicher weißt du, dass sie auf alles (oder jeden), das oder der sie verunsichert, eine übelriechende Flüssigkeit aus einer Drüse an ihrem Schwanzansatz sprühen, eine Flüssigkeit, die sich schnell festsetzt und einen hartnäckigen Gestank absondert. Auch wenn man ein Stinktier ziemlich reizen muss, um es zu verärgern, will man nicht in der Nähe sein, wenn es sich rächt. Mit seinem schwarzen Fell und den charakteristischen weißen Streifen entlang der Wirbelsäule ist es im Allgemeinen ein sorgloses, entspanntes Geschöpf, das ohne besonderes Interesse an dem, was um es herum passiert, seinem Tagwerk nachgeht. Seine Einstellung ist einfach – behandele mich so, wie du selbst von mir behandelt werden willst. Als bescheidenes Wesen erlangt das Stinktier den Respekt anderer, indem es sich selbst voll und ganz respektiert. Es ist selbstbewusst und selbstsicher, glücklich in seiner Haut, mit klar definierten Grenzen, Werten und Überzeugungen. Und es kann es sich leisten, so selbstsicher zu sein, denn es weiß, dass es, wenn es nicht respektiert wird, eine wirkungsvolle Antwort zur Hand hat. Es muss nicht kämpfen oder sich körperlich beweisen, weil es weiß, dass es sicher ist. Sein Ruf schützt es. Aber auch mit diesem gesunden Selbstwertgefühl tritt es immer vorsichtig auf. Es tut nichts, um seine Nachbarn zu verärgern, und weil es sich keine große Mühe gibt,

Ärger zu suchen, gerät es auch in keinen. Es bewahrt sich den Respekt der anderen, indem es ihnen mit Respekt begegnet. Es tut, was es eben tut, und kommt mit jedem klar, ohne jemandem auf die Füße zu treten.

Wenn das Stinktier in deine Karten geschlendert ist, wirst du an den Respekt erinnert, den du dir bei deinen Mitmenschen erworben hast, und an den Respekt, den du anderen gegenüber empfindest. Dir werden die Eigenschaften »Geben und Nehmen« gezeigt, die entwickelt werden müssen, wenn du mit Selbstvertrauen und Sicherheit als Verbündeten hinaus in die Welt reisen willst - um Respekt zu zeigen und dadurch Respekt zu erlangen. Aber Respekt zu zeigen bedeutet nicht immer, etwas zu tun oder auf eine bestimmte Weise zu handeln, nur weil jemand anderes es verlangt. Es bedeutet auch nicht, deine Überzeugungen oder Werte infrage zu stellen, um andere Leute glücklich zu machen. Anderen Respekt zu zeigen bedeutet, ihnen auf eine höfliche Art mitzuteilen, wie du dich fühlst, ohne grob oder vulgär zu werden. Es bedeutet, auf deine Stärke zu vertrauen, ohne unnötigerweise unwirsch oder unhöflich zu sein. Das Stinktier hat keine Angst, andere Tiere aufzufordern »zurückzuweichen«, wenn sie es zu sehr bedrängen, und es ist gar nicht schüchtern, wenn es darum geht, sie komplett abzuweisen und mit seinem Geruch zu besprühen, wenn sie es dazu zwingen. Um Respekt zu verdienen, musst du zuerst Respekt vor dir selbst zeigen, und das ist die Botschaft des Stinktiers an dich. Das Stinktier sagt, dass du dir, solange du nicht zu »großspurig«, übertrieben selbstbewusst, grob oder selbstgefällig bist, den Respekt der anderen verdienen und durch sie einen Ruf bekommen wirst, der dich in allem unterstützen wird, was du mit deinem Leben auch anfangen willst.

Taube

Ich werde geliebt

Frage: Wenn du an Tiere denkst, die gewöhnlich mit Liebe assoziiert werden, welche beiden Tiere fallen dir da ein? Antwort: Der Hund, natürlich ... und die Taube. Man sagt, dass Tauben genau wie Amor Boten der Liebe sind und Liebesgebete erhören. »Mein Täubchen« ist auch ein ziemlich altmodischer Kosename für Frauen, der bedeutet, dass der Mann sie wahrhaftig liebt und ihr sehr zugetan ist, während man von dem besänftigenden »Kukuu« der Taube sagt, dass es Gefühle des Friedens und der Sicherheit in uns weckt. Tauben sind pummelige kleine Vögel mit rundem Kopf, kurzem Hals und schlankem Schnabel. Sie ziehen ihre Jungen in grob gebauten Nestern aus Zweigen groß, wobei sich Mutter und Vater beide um das Ausbrüten der Eier und die Pflege der Jungen kümmern. Tauben füttern ihre Jungen mit »Kropfmilch«, einer sehr nahrhaften Substanz, die sie direkt in den Rachen der Jungen hochwürgen. Tauben symbolisieren für uns Freundlichkeit, Zufriedenheit, Liebe und Vertrauen. Sie wecken Gefühle von Frieden und Harmonie, Ausgeglichenheit und Stabilität in uns, besonders wenn wir emotional aufgewühlt sind, schwere Zeiten durchmachen oder Schmerz empfinden.

Wenn die Taube heute in deinen Karten gelandet ist, dann wird dir versichert, dass du geliebt wirst, egal, was in deiner Welt gerade vor sich geht, geliebt vom Großen Geist, von der Erdenmutter, von deinen Freunden und deiner Familie - und, was noch wichtiger ist (hoffentlich), von dir selbst. Die Taube ist eine Botin der Hoffnung und ein Symbol der Liebe. Vielleicht fragst du dich, ob du jemals wahre Liebe finden wirst. Nun, die Taube antwortet dir mit einem sanften »Ja«. Vielleicht fragst du dich, ob die Liebe, die ihr füreinander empfindet, echt ist; die Taube bittet dich, es einfach zu genießen und der Wahrheit zu erlauben, sich zu gegebener Zeit zu zeigen. Vielleicht fragst du dich, ob die Liebe, die du für jemanden hegst, stark genug ist, um fortzudauern, worauf die Taube dir weise antwortet: »Nur die Zeit wird es zeigen.« Die Taube ist ein sanftes Geschöpf, das niemals auf etwas drängt, bevor die Zeit reif ist, oder ungeduldig auf die Zukunft wartet. Sie sitzt sachte, bescheiden und still da und vertraut darauf, dass ihre Selbstachtung sie tragen wird. Die Taube weiß, dass sie geliebt und von der »Kropfmilch« der Welt um sie herum genährt wird. Sie weiß, dass sie nur dann wahre Liebe herbeilocken kann, wenn sie zuerst lernt, sich selbst zu lieben. Und so führt sie ein ausgeglichenes, friedliches Leben, frei von Angst, Verurteilungen oder Eifersucht, mit dem Glauben und dem Wissen, dass das, was für sie bestimmt ist, sich eines Tages zeigen wird. Sie weiß, dass sie sicher ist und beschützt wird. Sie weiß, dass für sie gesorgt werden wird. Und sie weiß nicht nur, dass sie geliebt wird, sondern auch, dass sie liebenswert ist, was noch viel wichtiger ist. Ausgestattet mit dieser Gewissheit weiß sie, dass sie eines Tages wahre Liebe finden wird. Und das ist alles, was sie wissen muss.

Tiger

Ich bin mutig

Mit seinen Streifen ist der Tiger perfekt getarnt, wenn er im hohen Gras und Buschwald Indiens umherstreift. Seine Färbung unterbricht die Silhouette seines Körpers, wenn er auf Beutetiere wie Hirsche, Wildschweine und Büffel lauert. Tiger sind dafür bekannt, dass sie manchmal auch Nutztiere erlegen, wenn sie nicht mehr genügend natürliche Beute finden. Es kommt nur selten vor, dass sie auch Menschen fressen, aber die Kautschukernter, die in den dichten Wäldern arbeiten, tragen oft realistische menschenähnliche Masken am Hinterkopf, um sich zu schützen. Sie glauben, dass Tiger ihre Beute nur von hinten fassen. Sie denken sich, dass der Tiger, verwirrt durch die beiden Augenpaare, meint, dass er sie nicht von hinten angreifen kann, und sie deshalb in Ruhe lässt. Eigentlich ist ein Angriff von hinten doch eine gute Idee; die Beute leise verfolgen, ohne von ihr gesehen zu werden, um dann aus dem Hinterhalt sicher zuzuschlagen. Man schätzt jedoch, dass Tiger, die diese Technik anwenden, etwa 80 Prozent der Zeit Hunger haben. Doch es ist wahrscheinlich nicht die Technik, die den Tiger im Stich lässt, sondern mangelndes Selbstvertrauen. Denn trotz seiner Kraft, seines atemberaubenden Aussehens und seines wilden Wesens ist der Tiger nervös und zögerlich. Er hat Angst, seiner Beute in die Augen zu sehen, scheut die Konfrontation und sucht lieber nach einem einfacheren Weg, um seine Beute zu schlagen. Und sogar noch, wenn er seine Beute klar vor Augen hat, verliert der Tiger oft in letzter Minute das Selbstvertrauen und vermasselt seinen Angriff.

Wenn der Tiger heute in deine Karten geschlichen ist, wird dir gesagt, dass du deinen Problemen von Angesicht zu Angesicht gegenübertreten sollst, statt nach einem einfachen Ausweg zu suchen. Sieh dir an, was du am meisten fürchtest - Auge in Auge -, und gelobe trotzig, dich dem zu stellen. Suche keine Ausflüchte, und ignoriere deine Probleme nicht in der vergeblichen Hoffnung, dass sie schon verschwinden werden. Der Tiger erinnert dich an deine angeborene Schönheit, an deine innere Macht und Stärke. Würdige das, was in dir steckt, als deine persönliche Wahrheit, und wisse, dass du es wert bist, Großes zu erreichen. Wenn du zum Beispiel Probleme oder Verdächtigungen in Bezug auf einen Freund, ein Familienmitglied oder einen Partner hast, sprich offen mit ihm darüber, statt es für dich zu behalten oder hinter seinem Rücken über ihn zu reden. Wenn du den Verdacht hast, dass andere mit dir Probleme haben, konfrontiere sie damit und ermutige sie, offen mit dir darüber zu reden. Oder wenn es Dinge gibt, die du getan hast oder für die du dich schämst, und du dir Sorgen machst, dass jemand es verrät, ergreife das Wort und rede dir alles von der Seele. Sei du derjenige, der dein Schicksal bestimmt, sieh deinem Schattenselbst direkt in die Augen und übernimm das Kommando über dein Potenzial. Weise die negativen Seiten des Tigers von dir - die Seiten, die vermuten lassen, dass du ein Feigling bist. Sei stattdessen der stolze, mächtige Tiger, dessen Lieblingsbeute - der untadelige Pfau - zu seinem Lebensstil dazugehört. Auf diese Weise wirst du immer auf deine Worte auch Taten folgen lassen und dich mit Mut und Tapferkeit offen deinen Ängsten und Grenzen stellen.

Truthahn

Ich teile

Wilde Truthähne sind in den Waldgebieten Nordamerikas und Kanadas beheimatet. In Amerika isst man am Erntedankfest Truthahnbraten; dort ist der Truthahn ein Symbol für den Herbst und die Ernte. Männliche Truthähne werden oft auch »Puter« genannt und lassen sich von den Weibchen durch ihre Fülle schillernder Federn und den strähnigen »Bart« unterscheiden, der ihnen aus der Brust sprießt. Die Weibchen sind im Allgemeinen erdfarben, wodurch sie zuverlässig getarnt sind, da sie auf der Erde nisten. Wilde Truthähne ernähren sich von Nüssen, Beeren, Trauben, Gräsern, Farnen und Insekten. Auch wenn er durchaus ein bisschen fliegen kann, ist der Truthahn im Wesentlichen ein erdgebundener Vogel und ein Sinnbild für die spirituelle Weisheit der Erdenmutter und ihrer Gaben: reiche Ernten, Heilkräuter, Mineralien, Holz, Wasser und Tiere, um nur einige zu nennen. Der Truthahn ermutigt uns, diese Gaben zu würdigen, uns für sie zu bedanken und sie gut zu verwenden. Die Opfer, die andere bringen, anzuerkennen, ist die Botschaft des Truthahns, der sich bereitwillig hingibt, damit es anderen wohl ergeht. Mit seiner Fülle hübscher Federn und viel reichhaltigem Fleisch würdigt der Truthahn das »Verschenken« - eine Tradition, in der es um das Verschenken geliebter Dinge geht, damit das Leben eines anderen besser wird. Der Truthahn tauscht bereitwillig sein Leben mit dem Tod. Er opfert sein Leben, damit andere leben können. Er würdigt ihr Leben und stärkt ihre Verbindung mit dem Großen

Geist und der Erdenmutter, indem er sich selbstlos hingibt. Er gibt, um Freude auf dem Gesicht des Empfangenden zu sehen, und er ermutigt uns, für alles danke zu sagen, was wir haben.

Wenn der Truthahn heute in deine Karten gekollert ist, dann wirst du gebeten, daran zu denken: Je mehr du von dir gibst, umso mehr wird die Welt mit dir teilen wollen. Manchmal fühlt es sich gut an, zu geben oder etwas für jemanden zu tun, einfach weil du weißt, dass es denjenigen glücklich macht. Jemanden lächeln zu sehen, kann uns ein gutes Gefühl geben, besonders wenn derjenige über etwas lächelt, was wir für ihn getan haben. Etwas ganz Besonderes ist es, etwas, das dir viel bedeutet, mit jemandem zu teilen, der gerade eine schwere Zeit hat, oder ein Lieblingsstück, das wir nicht mehr verwenden, an jemanden zu verschenken, der nicht viel hat. Etwas zu verschenken, weil du weißt, dass es jemanden zum Lächeln bringt oder ihm eine Freude macht, ist die Art des Truthahns, der ohne zu fragen sein Fleisch und seine Federn mit uns teilt. Vielleicht hast du einen Klassenkameraden, der nicht richtig dazuzugehören scheint. Vielleicht ist er still, schüchtern oder irgendwie »anders«. Versetze dich doch einfach mal in seine Lage, überlege, wie das Leben für ihn sein muss. Wird er schikaniert? Spielt er jeden Tag ganz allein? Trägt er Sachen, die wie Secondhand aussehen oder alt sind? Sieht er glücklich aus? Hast du dich schon mal traurig, allein oder unbehaglich gefühlt? Hat jemand dir schon mal eine Chance gegeben? Wie fühlte sich das für dich an? Wie wäre es, wenn du einfach zu ihm hingehst und »Hallo« sagst? Wie wäre es, wenn du ihm deine Freundschaft anbietest? Wie wäre es, wenn du dein Pausenbrot mit ihm teilst oder ihn bittest, mit dir zu spielen? Wie wäre es, ihm anzubieten, sich neben dich zu setzen oder deine Stifte zu benutzen? Etwas zu verschenken oder zu teilen, kann einfach schon darin bestehen, jemandem ein bisschen Zeit oder Unterstützung zu schenken. Ein freundliches Lächeln kann jemandem viel bedeuten, der sich allein fühlt. Denke daran: Je mehr du von dir gibst, umso mehr wird die Welt mit dir teilen wollen.

Wolf

Ich lerne leicht

Wölfe lieben ihre Familie. Sie verbringen sehr viel Zeit mit ihren Familienmitgliedern, jagen in der Gruppe und kuscheln sich nachts aneinander, um sich gegenseitig zu wärmen. Sie machen alles im Team. Wenn zum Beispiel Welpen geboren werden, arbeitet das ganze Rudel zusammen, um sie aufzuziehen. Einige haben die Aufgabe, zu jagen und die Beute nach Hause zu bringen, während andere Kindermädchen und Lehrer sind. Wenn du ein Wolf bist, ist Erfahrung alles. Sie verleiht dir einen Vorsprung, einen Vorteil gegenüber den Wölfen anderer Rudel. Ein Wolf mit Erfahrung gibt einen listigen Jäger ab, einen mächtigen Beschützer und einen attraktiven Partner. Und ein Wolf mit Erfahrung hat viel mit der nächsten Generation zu teilen, er sorgt dafür, dass Fertigkeiten und Wissen nie verloren gehen, sondern vielmehr weitergegeben und verbessert werden. Wölfe sind sehr intelligente Geschöpfe. Sie lernen aus ihren Fehlern und aus den Lektionen, die das Leben ihnen bietet. Ein Wolf, der eine giftige Beere frisst und es überlebt, lernt aus dem Schmerz und dem Leid und weiß, dass er diese Beeren niemals mehr fressen darf. Aber was noch wichtiger ist: Auch die anderen Wölfe wissen dann, dass sie sie nicht fressen dürfen - und interessanterweise wissen auch die heranwachsenden Welpen, dass sie sie meiden müssen, ohne dass sie die Beeren jemals selbst gesehen oder probiert haben.

Wenn der Wolf sich heute in deine Karten gejault hat, dann bedeutet das, dass du schnell lernst und eines Tages die Chance erhalten wirst, dein Wissen mit anderen zu teilen. Vielleicht wirst du, wenn du älter bist, Lehrer, Trainer oder Schriftsteller – oder jemand anderes, der gerne Informationen vermittelt. Aber bis dahin bittet der Wolf dich, dein Wissen weiter auszubauen, indem du viel lernst und gut zuhörst, und dass du weiter die Vorteile einer guten Ausbildung zu schätzen weißt. Offensichtlich fällt dir das Lernen leicht, und wenn man etwas Leichtes gefunden hat, sollte man auch dabei bleiben, oder? Je mehr du lernst, desto mehr hast du mitzuteilen. Je klüger du wirst, desto reicher wirst du. Einst bedeutete das Wort »Macht« Wissen. Damit war die Macht gemeint, die man hat, wenn man Weisheit und Erfahrung besitzt. Alles, was wir erleben – alles, was wir sehen, fühlen, berühren, hören und schmecken –, verleiht uns Weisheit. Und wenn der Wolf heute in deinen Karten aufgetaucht ist, weist das darauf hin, dass du, abgesehen davon, dass es dir leicht fällt zu lernen, eines Tages reich an Wissen sein wirst, so reich, dass du anderen meisterlich den Weg weisen wirst, damit auch sie Wichtiges lernen.

Zebra

Ich bin einzigartig und besonders

Hast du dich schon mal gefragt, wie Zebras sich eigentlich gegenseitig auseinanderhalten? Seien wir doch mal ehrlich - sie sehen doch alle gleich aus, oder? Zebras haben Muster, die es Raubtieren (wie Löwen) schwer machen, sie voneinander zu unterscheiden. Sie glauben, dass ein Löwe, wenn er eine Masse aus schwarzen und weißen Linien sieht (statt eines einzigen gestreiften Zebras, das ganz alleine dasteht), durcheinandergerät und weiterzieht ... und das funktioniert auch bis zu einem gewissen Grad. Oft braucht der Löwe eine Weile, um ein Zebra in der Menge auszumachen, aber sobald es ihm gelungen ist, zögert er nicht, seine Beute zu fangen. Zebras sehen sich (auf den ersten Blick) zwar ähnlich, aber ein Zebrafohlen merkt sich sofort nach der Geburt die Fellzeichnung seiner Mutter. Denn kein Zebra gleicht dem anderen, weißt du. Wie unser Fingerabdruck hat auch jedes Zebra ein einzigartiges Muster, und sobald das Fohlen sich gemerkt hat, wie die Streifen seiner Mutter aussehen, kann es sie ganz einfach und schnell finden, sogar in der dichtesten Herde.

Wenn das Zebra heute in deine Karten galoppiert ist, dann wirst du daran erinnert, dass du einzigartig und besonders bist - dass du NICHT wie jeder andere bist und dass es einen guten Grund für diesen Unterschied gibt. Wenn du die Tatsache würdigst, dass du anders als jeder andere Mensch auf diesem Planeten bist, kannst und wirst du einen Unterschied in der Welt bewirken. Du WIRST die Welt zu einem besseren Ort machen - einfach, indem du du selbst bist. Wir alle sind mit natürlichen Begabungen auf die Welt gekommen. Vielleicht hast du die natürliche Begabung zu schauspielern, zu malen oder zu zeichnen? Vielleicht bist du gut im Tanzen oder Singen oder darin, ein Instrument zu spielen? Vielleicht findest du Mathematik einfach ... oder Rechtschreibung oder Lesen? Was es auch ist, du bist dazu bestimmt, gut in etwas zu sein ... und dieses »Etwas« ist es, was dich einzigartig, besonders und anders als jeder andere macht. Es macht dich auch zu etwas Besonderem, anders als deine Mitmenschen auszusehen, zu handeln oder zu klingen, weil du so aus der Menge herausstichst. Und statt diesem Unterschied aus dem Weg zu gehen, indem du versuchst, dich zu verstecken oder still zu bleiben, musst du ihn würdigen, indem du der Welt verkündest: »So bin ich – kommt damit klar.« Die Botschaft des Zebras ist einfach. Du bist einzigartig, begabt, talentiert und besonders. Du bist wichtig und schön. Übe, worin du gut bist, übe so lange weiter, bis du der Beste auf deinem Gebiet bist, und dann ermutige andere, ebenfalls ihre Einzigartigkeit zu würdigen. Nur, wenn wir unsere Einzigartigkeit würdigen, werden andere die ihre erkennen, und das muss dich ganz sicher stolz darauf machen, du selbst zu sein.

Über den Autor

Scott Alexander King ist intuitiver Tierkommunikator, Medium und lehrt und praktiziert *Earth Medicine*. Er besitzt ein Diplom im Grundschulwesen. Nach dem Abschluss des Victoria College, Toorak Campus, am 5. Mai 1990 erkannte Scott seine ausgezeichnete Fähigkeit, Kindern zu helfen, ihre persönliche Macht und ihr wahres Wesen zu entdecken und zu nutzen. Mit seinem Engagement hat er vielen Kindern geholfen, schwierige Umstände und Notlagen zu überwinden, nicht nur auf der schulischen, sondern auch auf der körperlichen, emotionalen und geistigen Ebene. Heute ist er auch bekannt für seine Arbeit mit Indigo-Warrior-Kindern. Er glaubt, dass die Eigenermächtigung dieser jungen Menschen eine wesentliche Voraussetzung für die Heilung unserer zersplitterten Gesellschaft ist, und in seiner Arbeit führt er nun seine beiden größten Leidenschaften zusammen: *Earth Medicine* und die Weiterentwicklung unserer Kinder.

Scotts einzigartige Fähigkeit, mit dem Reich der Tiergeister und den Energien der Erde zu kommunizieren, begann, als er gerade einmal acht Jahre alt war. Als Kind wurde Scott bewusst, dass er Tiergeister sehen konnte (nicht »tote« Haustiere, sondern die innewohnende Macht der uns begleitenden Tiere – die Macht, um die alte Völker einst wussten und die auch als »Totem«-Energie bezeichnet wird). Von Geburt Australier, sieht Scott Tiere jedoch aus einem globalen Blickwinkel; sein Wissen ist nicht auf die Lehren aus der Kultur der australischen Ureinwohner oder auf die australische Geografie beschränkt. Er scheint die angeborene Fähigkeit zu besitzen, alle Tiere zu verstehen – auf welchem Kontinent sie auch leben. Als Kind verließ Scott sich stark auf seine »Gefühle«, wenn er neuen Menschen begegnete. Diese Energie warnte ihn vor Täuschungen, stand ihm zuverlässig zur Seite und ermöglichte ihm, sich erfolgreich seinen Weg durch eine sehr verworrene Kindheit zu bahnen. Als er älter wurde, nahm diese »Energie« immer mehr Gestalt an, bis er begann, sie als »tierartig« in ihrer Schwingung zu erkennen - eine Energie, mit der er ein natürliches Band spürte und die ihn noch nie im Stich gelassen hat.

In jahrelanger Theorie und Praxis hat Scott seine Fähigkeiten immer weiter verfeinert und ist heute Australiens führender intuitiver Tierkommunikator, anerkanntes Medium und Lehrer der *Earth Medicine*. Er hält weltweit Vorlesungen und bietet Erfahrungs-Workshops an. Seine Arbeit erhöht nicht nur unser Bewusstsein für die uralte Beziehung der Menschheit mit der Erde und den Tieren, sondern gibt auch den Sprachlosen eine Stimme – unseren Kindern und den gefährdeten und bedrohten Tieren der Welt. Zu Scotts Interessen und Fachgebieten zählen: Weisheit der Tiere, *Earth Medicine*, das Lesen von Symbolen, Omen und Zeichen, seelischer Schutz, Wahrsagung, Mondkunde, Naturmagie, Mediumismus, Meditation, genetisches Gedächtnis, seelische Bestimmung, persönliche Macht, Netz des Lebens und andere spirituelle Themen. Die Teilnehmer an Scotts Workshops und Seminaren kommen aus allen Gesellschaftsschichten. Die meisten gehören einem breiten Publikum an, andere wiederum sind professionell in Tierheilkunde, Zoologie, natürlichen Therapien (Naturheilkunde, Homöopathie, traditionelle Kräuterheilkunde und so weiter), Schulmedizin, Psychologie, Kinder- und Erwachsenenbildung, Sozialarbeit und Recht ausgebildet.

Scott lebt mit seiner Familie und einer Vielzahl von Tieren in der malerischen Region Northern Rivers in New South Wales in Australien.

Besuchen Sie Scott Alexander Kings offizielle Website:
www.animaldreaming.com

Über die Künstlerin

Sioux Dollman wurde am 25. April 1968 in Melbourne geboren und ist stolz darauf – nach der chinesischen Astrologie –, ein Erd-Affe zu sein! Ein »frecher Affe« zu sein ist wichtig, sagt sie. Sioux glaubt, dass unsere Vorstellungskraft der Schlüssel zur Gestaltung und zur Manifestation unserer magischen Wirklichkeiten ist. »Wenn ich gestalte«, sagt sie, »erinnere ich uns an die Schönheit, die darin liegt, auf unserer Reise durch das Leben WAHRHEIT und LIEBE zu lernen und zu verstehen. LEBT, LIEBT und HABT FREUDE DARAN! Aktiviert euren Regenbogenstrahl. Denkt daran ... Schönheit ist ÜBERALL!«

Nach ihrem T.O.P.-Abschluss in Kunst und Design 1986, einem Diplom in Grafikdesign 1987 und einer Ferrozement-Ausbildung 2005 widmet Sioux ihr Leben nun der Feier des Lebens durch Kunst. Ihre Kunst spielte in Australien eine wichtige Rolle in der Brunswick Street Parade und erhielt Auszeichnungen der Moomba Night Parade in den Kategorien »Ausgefallenster Wagen« und »Beste Beleuchtung«.

Sioux baute und installierte mehrmals die »Christmas Winter Wonderlands« auf dem Federation Square in Melbourne in Zusammenarbeit mit »Save the Children«, L'Oreal und Ikea und designte und baute Wagen für den Sydney Mardi Gras. Ihr lebensgroßes Spiegelmosaik-Einhorn war auf der »Art Horses«-Ausstellung im Crown Casino, Melbourne, zu sehen, während ihr Magic Tree, ihre Vogelscheuchen, Giftpilze, Feen und »Blätter« als künstlerische Mosaik-Skulpturen in zahlreichen Gartenschauen und öffentlichen Ausstellungen in ganz Australien Beachtung fanden.

Besuchen Sie Sioux Dollmans offizielle Website:
www.siouxdollman.com

Bibliografie

Andrews, T.: *Die Botschaft der Krafttiere. Was die Geschöpfe uns zu sagen haben.* Bastei Lübbe, 2003.

Andrews, T.: *Animal Wise.* Jackson, TN: Dragonhawk Publishing, 1999.

Caduto, Michael J. und Joseph Bruchac: *Keepers of the Earth.* Golden, CO: Fulcrum, Inc., 1989.

Carr-Gomm, P und S.: *Das Keltische Tierorakel.* J. Kamphausen Verlag, 2009.

Conway, D. J.: *Animal Magick.* St. Paul: Llewellyn Publications, 1997.

Cooper, J. C.: *Symbolic and Mythological Animals.* London: Aquarian, 1992.

Grey, M.: *Beasts of Albion.* London: Aquarian, 1994.

King, S. A.: *Animal Dreaming.* Australia: Blue Angel Gallery, 2007.

King, S. A.: *Animal Dreaming Oracle Cards.* Australia: Blue Angel Gallery, 2007.

King, S. A.: *Animal Messenger.* Australia: New Holland Publishers, 2006.

King, S. A.: und Ballard, R. *KIDS! Indigo Children and Cheeky Monkeys.* Australia: Blue Angel Gallery, 2008.

Lawlor, R.: *Voices of the First Day: Awakening in the Aboriginal Dreamtime.* Rochester, Vermont: Inner Traditions / Bear and Company, 1991.

Oliver, S.: *Hunting for Power: A Warrior's Guide to Freedom.* Australia: Fire Dragon, 2005.

Weiterführende Informationen zu
Büchern, Autoren und den Aktivitäten
des Silberschnur Verlages erhalten Sie unter:
www.silberschnur.de

Ihr Interesse wird belohnt!

144 Seiten, illustriert, 2-fbg,
broschiert
ISBN 978-3-89845-391-2
€ [D] 14,95

Tina von der Brüggen

Tierkommunikation für Kinder
Wir verstehen uns tierisch gut

Wäre es nicht toll, die Tiere zu verstehen und zu wissen, was sie uns mitteilen möchten? In Kindern schlummert die Fähigkeit, telepathisch mit Tieren zu kommunizieren, man muss sie nur wecken.

Die erfahrene Tierkommunikatorin Tina von der Brüggen lädt Sie in diesem wunderschön illustrierten Buch ein, gemeinsam mit Ihrem Kind zu lernen, mit Tieren zu sprechen, und so den natürlichen Kontakt zur Natur wiederherzustellen.

In dieser leicht verständlichen, spielerischen Einführung in die Kunst der Tierkommunikation lernt Ihr Kind, die Bedürfnisse der Tiere besser zu verstehen und dadurch Liebe und Respekt für sie zu entwickeln. Spannende Imaginationsreisen und praktische Übungen helfen Ihrem Kind, einfach kinderleicht mit Tieren zu kommunizieren.

256 Seiten, 2-fbg., broschiert
ISBN 978-3-89845-394-3
€ [D] 16,95

Jessica Lütge

Die spirituelle Schatzkiste für Familien
111 Ideen und Spiele

Wertschätzung, Geborgenheit und Liebe in der Familie können durch kleine Zeichen der Gemeinsamkeit, gemeinsame Rituale oder spontane Überraschungen entstehen.

In diesem Buch erfahren Sie mit Ihrer Familie wie Sie sich gemeinsam wahrnehmen und spüren, sich spielerisch und lichtvoll vertrauen und wie Sie kreativ sein und zuversichtlich werden können.

Sie finden viele Tipps, Ideen, Spiele, gemeinsame Entspannungsangebote und Wohlfühlmomente. Manche bringen ganz schnell wieder frische Energie, andere zaubern ganz viele glückliche Momente und wieder andere lassen ein besonderes Gemeinschaftsgefühl entstehen. Das Schöne daran: Sie können alle Angebote mit Ihren Kindern gemeinsam ausprobieren, mit den kleineren und den größeren.

45 farbige Karten, mit
Begleitbuch, 128 Seiten,
broschiert, in Box
ISBN 978-3-89845-367-7
€ [D] 16,95

Lucy Cavendish & Jasmine Becket-Griffith

Shadows & Light-Orakel

Faszinierende Wesen aus Licht und Schatten

Willkommen in der Welt der faszinierenden Wesen aus Licht und Schatten, wo
die Wirklichkeit rätselhafter ist als die Träume …

Im Shadows & Light-Orakel erwarten dich mürrische Feen, freche Hexen,
verwegene Geister und andere kühne Wesen. Sonderbar und betörend süß
weisen dir diese faszinierenden Boten des Schattens und des Lichts den Weg
durch die vielfältigen Weggabelungen des Lebens. Diese wunderbaren Wesen
sehnen sich schon lange danach, ihre Weisheit mit uns zu teilen! Sie helfen dir
dabei, in Kontakt zu kommen mit deinem tiefen Wesen, das aus Schatten und
aus Licht gemacht ist. Finde Antworten auf deine Fragen, und entdecke das
Glück und den Glauben an dich selbst als einzigartiges, wertvolles Wesen.

Ein magisches Orakel mit wunderbar exzentrischen Karten von fremdartiger,
düsterer und bittersüßer Schönheit …

384 Seiten, broschiert,
durchg. farbig
ISBN 978-3-89845-300-4
€ [D] 16,90

Wayne W. Dyer

365 Quellen der Inspiration

Lebe deine Inspiration!

Wayne W. Dyer, der weltweit bekannte Lebensberater hilft Ihnen, Ihre Inspiration bewusst zu aktivieren, damit sie zu einer kraftvollen Energie in Ihrem
Leben werden kann. Die Botschaft dieses Buches ist klar: Inspiration ist für
alle da. Sie ist nicht reserviert für Einzelne, sondern Ihr Geburtsrecht, man
muss sie erfahren und erfühlen.

Jede Seite dieses wahrhaft inspirierenden Buches bringt Sie einen Schritt
näher an ein Leben, in dem Tag für Tag mehr Wunder wahr werden …

78 farbige Karten, 10 x 16 cm,
mit Begleitbuch, 224 Seiten,
gebunden, in Box
ISBN 978-3-89845-364-6
€ [D] 26,90

Isha und Mark Lerner

Tarot für das innere Kind

Eine Reise in die Welt der Märchen

Ein märchenhaftes Tarot, das das Kind in uns wiedererweckt: Es hilft uns auf sanfte Weise, mit den äußerst kraftvollen Archetypen der inneren Welt in einen Dialog zu treten.

Mit den Motiven so bekannter Märchen wie Dornröschen, Alice im Wunderland und Peter Pan öffnen diese Karten Herz und Verstand und lassen uns Neues über unser Selbst entdecken. In Anlehnung an das traditionelle Tarotdeck eignet sich dieses Tarot für Traumarbeit, Heilungsprozesse und die Beschäftigung mit Kindern. Die farbenfrohen Bilder werden gemeinsam mit den Geschichten und Märchen zu einem faszinierenden Führer für die Reise nach innen und bilden eine Brücke zwischen dem Bilderreich der Kindheit und den Möglichkeiten der Welt der Erwachsenen.
Ein Abenteuer voller Zauber und Phantasie!

47 Herzkarten in Box
EAN 4260075280035
€ [D] 13,90

Claudia Knüppel

Elfen öffnen Herzen

Farbenfroh ist der Zauberwald, in den uns die Künstlerin Claudia Knüppel einlädt, und es wimmelt hier von Naturgeistern, die uns geheimnisvoll, anmutig oder auch frech aus dem schillernden Reich der Fantasie zuwinken. Wunderbar dargestellte Geistwesen, die tiefempfundene Botschaften aussenden als Rat, als Trost oder als Hoffnung für all die, die den Glauben an und den Kontakt zu den lichten Welten des wenig Sichtbaren nicht verloren haben.

21 runde Engelkarten
mit Buch, 202 Seiten,
brosch. in Box
ISBN 978-3-89845-065-2
€ [D] 25,90

Ingrid Auer

Engelsymbole für Kinder

Liebevolle Begleitung im Alltag

Integrieren Sie die Engel in den Alltag Ihrer Familie!

Dieses Set aus 21 neuen Engelsymbolen, kindgerecht auf runde Karten gedruckt, und einem Buch hilft, die Sensitivität der Kinder zu fördern und unterstützt sie in ihrer Entwicklung. Es hilft aber auch Erwachsenen, ihr Herz den Engeln zu öffnen. Finden Sie als Erwachsener zurück zu dem natürlichen Zugang zur Engelwelt, den Kinder noch haben.

Mit diesem Set unterstützen Sie die spirituelle Weiterentwicklung Ihrer Kinder, denn Kinder lieben Engel – und Engel lieben Kinder.

»Engelsymbole für Kinder« ist gleich doppelt verwendbar: Als gemeinsames »Spiel« für Erwachsene und Kinder und als »spirituelles Aufklärungsbuch« für Erwachsene.

Margot Pieters & Yvonne van Meteren

Knuddel-Set

Was ist das?

Kurz gesagt: Knuddel-Karten sind 52 bunte Karten mit lustigen Zeichnungen, einem Schlagwort und einer Redewendung. Diese Karten sind für Kinder im Alter von 6 bis 12 Jahren bestimmt, zum Beispiel wenn sie Trost brauchen, eine Belohnung verdient haben, mit ihren Hausaufgaben fertig sind oder einfach nur Spaß haben wollen. Die liebevoll gestalteten Zeichnungen, das entsprechende Motto sowie die jeweils passende Redewendung geben neue Anstöße und regen die Kinder so zu eigener Kreativität an. In dem beiliegenden Knuddel-Journal sind alle 52 Kartenmotive nochmals vergrößert abgebildet und laden ein zum fantasievollen Bemalen; zusätzlich regen speziell auf das jeweilige Bildthema abgestimmte Fragen zum Nachdenken an. Damit entsteht ein Tagebuch von bleibendem Wert!

112 Seiten Buch,
Ringheftung,
52 runde Karten in Box
ISBN 978-3-89845-118-5
€ [D] 19.90

24 Seiten, broschiert, 4-farbig
ISBN 978-3-89845-146-8
€ [D] 9.90

Kat Radall

Yoga für kleine »Yogis«

Die wichtigste Phase im Leben ist nicht das Universitätsstudium, sondern die erste Zeit – die ersten sechs Lebensjahre … Und wer Yoga bereits als Kind lernt, wird später im Leben erheblich weniger Probleme haben, sein inneres Gleichgewicht zu finden bzw. aufrechtzuerhalten.
Yoga für kleine »Yogis« ist ein kreativer Ansatz für den Umgang mit den klassischen Yoga-Haltungen. Dieses Buch bietet durch die Kombination von Naturbeobachtung, Sprache und Affirmationen eine neue Möglichkeit für Kinder, ihre eigene, spielerische Welt des Yoga zu entwickeln.

120 Seiten, broschiert
ISBN 978-3-89845-202-1
€ [D] 16,90

Mariane Kohler

Glücksyoga
Bewegungsspaß mit Kindern

Der Ferne Osten ist bekannt für seine Techniken der Selbstbeherrschung, um Ausgeglichenheit und Weisheit zu erlangen, die gerade in unserer schnelllebigen Zeit unabdingbar geworden sind. Umso mehr sollten schon Kinder damit beginnen, danach zu suchen. Helfen Sie Ihrem Kind zu erwachen, ganz im Augenblick zu sein, in der Stille, in der Konzentration, auf seine Atmung zu achten, seinen Körper, seine Empfindungen kennenzulernen … Die Vorschläge in diesem Buch sind dabei einfach und für jeden umzusetzen, dabei immer in kindgerechter Sprache gehalten und zudem lebhaft illustriert.

• Für Kinder ab 4 Jahren.